AF452766

ÉTAT GÉNÉRAL DES TAPISSERIES

DE

LA MANUFACTURE DES GOBELINS

DEPUIS SON ORIGINE JUSQU'À NOS JOURS

1600-1900

PUBLIÉ

PAR M. MAURICE FENAILLE

TABLE

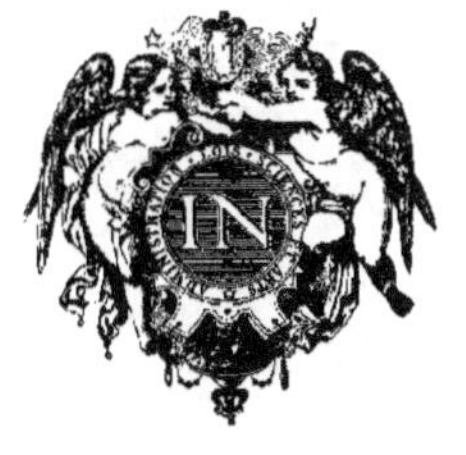

PARIS

IMPRIMERIE NATIONALE

LIBRAIRIE HACHETTE ET Cie

MDCCCCXXIII

ÉTAT GÉNÉRAL DES TAPISSERIES

DE

LA MANUFACTURE DES GOBELINS

DEPUIS SON ORIGINE JUSQU'À NOS JOURS

1600-1900

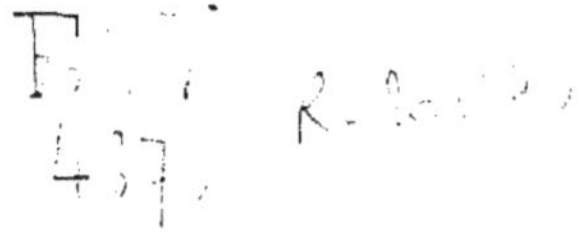

ÉTAT GÉNÉRAL DES TAPISSERIES

DE

LA MANUFACTURE DES GOBELINS

DEPUIS SON ORIGINE JUSQU'À NOS JOURS

1600-1900

PUBLIÉ

PAR M. MAURICE FENAILLE

TABLE

PARIS

IMPRIMERIE NATIONALE

LIBRAIRIE HACHETTE ET Cie

MDCCCCXXIII

AVERTISSEMENT.

Ce fascicule comprend des notes concernant quelques pièces de tapisserie des Gobelins retrouvées après l'apparition de nos volumes, et des renseignements qu'il nous a paru intéressant d'ajouter à ce que nous avons déjà publié, notamment une notice sur les ateliers parisiens du tapissier Béhagle.

Nous publions, à la suite de ces Addenda, la table générale des cinq volumes de l'État des tapisseries de la Manufacture des Gobelins. On y a relevé la mention des tentures et des pièces dont il a été parlé, des tableaux et des dessins qui ont servi de modèle, les noms des ouvriers qui ont travaillé dans les ateliers parisiens du XVIIᵉ siècle et à la manufacture des Gobelins, et des artistes qui ont donné des modèles et des cartons, l'indication des collections où sont conservées ces tapisseries, ainsi que des personnages et des lieux qui y sont représentés. Certains articles ont été délibérément omis : le nombre trop considérable des renvois qu'ils auraient renfermés les eût rendus inutilisables; qui voudra, par exemple, rechercher le rôle de Colbert, de Marigny ou de Soufflot aux Gobelins, devra parcourir les volumes correspondants à l'époque de leur surintendance, où leur nom est parfois cité plusieurs fois dans la même page; qui voudra savoir quelles sont les tentures que possède le Garde-Meuble National devra feuilleter les cinq volumes, et noter non seulement ce qui est indiqué comme y étant, mais encore ce qui est marqué comme étant en dépôt dans les Ministères, les Ambassades et les Palais Nationaux. Si l'on a tenu à ce que cette table fût complète, on a voulu surtout qu'elle fût claire, pour faciliter le travail de ceux qui auront à se servir de l'État général des tapisseries de la Manufacture des Gobelins, aussi bien pour des recherches sur l'histoire de l'art aux XVIIᵉ, XVIIIᵉ et XIXᵉ siècles que pour l'étude d'une tenture ou d'un artiste, ou pour l'identification d'une pièce.

Le présent fascicule, qui pourra être relié à la fin d'un des tomes de notre ouvrage ou être conservé à part, porte une pagination spéciale et la signature « Tapisserie des Gobelins. — VI. » pour permettre les renvois de la Table aux Addenda.

M. F.

ADDENDA.

Tome I (xvıı^e siècle), p. 36.

Voici le texte du contrat passé le 15 avril 1614 entre François de La Planche et Marc de Comans d'une part, et la ville de Calais de l'autre :

Nous soubzsignez avons faict un traicté et accord qui ensuict. C'est assavoir que moy De la Planche promectz messieurs les mayeur et eschevins de ceste ville au cas que Sa Majesté satisface aux conditions portées par le traicté cy devant faict avecq le sieur de Comans et moy pour l'establissement de cent mestiers de petites tapisseries en quatre années moyennant la somme de cent mille livres si que l'on puisse obtenir de sadite Majesté d'establir lesdits cent mestiers en ceste ditte ville de bailler en ce cas ausdits mayeur et eschevins la somme de dix mil livres pour emploier aux affaires publicques; assavoir, à la fin de la présente année la somme de quatre mil livres, à la fin de l'année prochaine la somme de trois mil livres, et à la fin de l'année suivante que l'on comptera VI^cXVI une pareille somme de trois mil livres et néantmoings où Sa Majesté vouldroit establir en la ville de Boullongne vingt et cincq desdits cent mestiers, je fourniray seulement la somme de sept mil cinq cent livres et avec ce je seray tenu faire instruire cent jeunes garçons tels que lesdits mayeur et eschevins me voudront bailler sans que sois tenu les nourrir, entretenir ny donner aucun argent pour cest effect à la fin desquelles trois années je bailleray ausdits garçons certilficat de leur aprentissage et les feray travailler et donneray mesmes saillaires que je faiz à mes autres ouvriers et moyennant ce, nous mayeur et eschevins promectons ausdit sieur de la Planche audit cas de luy fournir par chacun [an] pour le logement desdits cent mestiers la somme de six cent livres pendant dix années seullement, ensemble luy permettons de pouvoir faire du harang et de jouir par luy des mesmes droietz et privilèges que les bourgeois de ceste ville.

Faict à Calais le XVme Apvril XVIe quatorze.

Signé : Chevalier, Bouchel, Loyer (échevins).

Georges Seguin (argentier), De La Planche.

Archives communales de Calais, BB 14.

Tome I (xvıı^e siècle), p. 105-107.

M. Augé de Fleury, qui a étudié spécialement l'histoire de la tenture de Saint-Merri, nous a communiqué un passage de preuves de noblesses faites en 1637 par Jacques Camus de Pontcarré, d'après lesquelles les diverses pièces de tapisserie portaient les armes des donateurs, et en particulier la pièce n° 17, celles de Sanguin de Livry, et la pièce n° 18, celles de Camus de Pontcarré.

Le recueil du Cabinet des Estampes comprenait autrefois 28 dessins; le dessin de la *Femme adultère*, placé entre les dessins n° 12 et n° 13, est aujourd'hui perdu.

Tome II (Louis XIV), p. 59.

La pièce *Le Feu* signalée comme manquant fût brûlée en 1871 dans l'incendie du Garde-Meuble.

···—·· Tome II (Louis XIV), p. 138.

Nous avions signalé la disparition des modèles de deux entrefenêtres de la série des *Mois ou Maisons Royales*, d'après Charles Le Brun :

1° Le Palais Royal, du côté du jardin, modèle peint par Étienne Allegrain, d'après Le Brun ;

2° Le Jardin des Plantes, modèle de Beville, d'après Le Brun.

Ce dernier a été retrouvé récemment à Versailles et est actuellement conservé au Musée des Arts Décoratifs. Il mesure 3 m. 22 de hauteur et 1 m. 50 de largeur, et est en excellent état de conservation. Nous en donnons ci-contre la reproduction ; la tapisserie n'est pas connue.

··—· Tome II (Louis XIV), p. 161.

Dans la vente de la collection Say en 1904 est passée une pièce de la tenture des *Maisons royales*, de fabrication particulière, représentant le château de Vincennes dans l'encadrement du château de Monceaux. Cette pièce était signée «I. D. L. » (J. de La Croix) et portait l'inscription :

> LE CHASTEAU
> DE
> VINCENNE.

Elle mesurait 3 m. 40 de haut sur 3 m. 40 de large.

——· Tome II (Louis XIV), p. 271.

La grande publication des Tapisseries de l'ancienne collection de la Couronne d'Autriche (*Die Wiener-Gobelins Sammlung*, n°⁵ 243 et 247) nous permet de donner quelques renseignements complémentaires sur les pièces n°⁵ 7 et 8 des *Sujets de la Fable*, d'après Raphaël, qui n'existent plus dans la tenture du Garde-Meuble, et d'en donner la reproduction. Ces deux pièces font partie de la tenture donnée par ordre du 30 janvier 1730 à François III de Lorraine, et livrée à ce prince le 4 février. François III épousa plus tard Marie-Thérèse, et la tenture entra dans les collections impériales d'Autriche.

N° 7. *Danse d'une nymphe et d'un satyre*, de la droite (Pl.). Sur l'autel de Vénus, l'inscription :

> VENERI FOELICI
> SATIRI
> ET NYMPHAE
> VICINI RURI
> VOTA
> SOLVUNT.

H⁺ 5 mètres: L⁺ 3 m. 53.

Les deux figures, d'après une gravure d'Agostino Veneziano (B. XIV, 450).

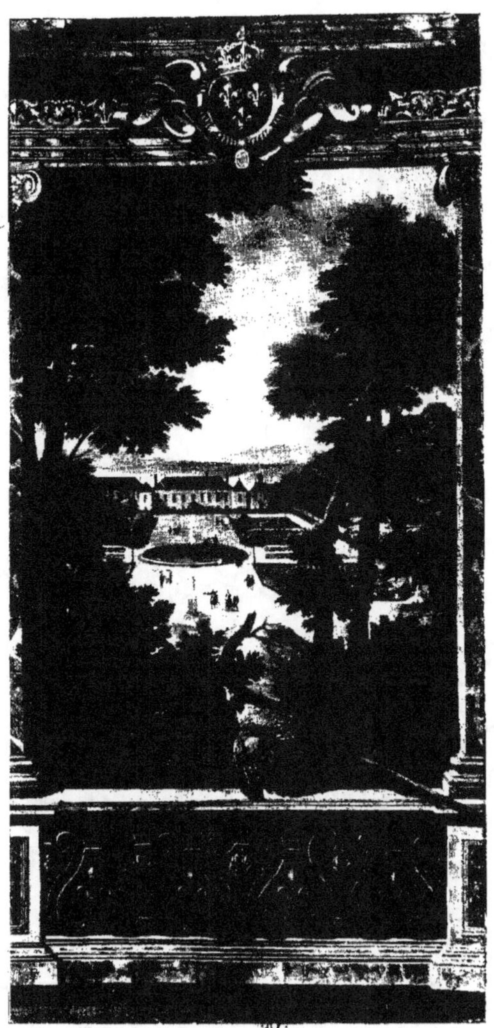

ENTREFENÊTRES DES MAISONS ROYALES.
LE JARDIN DES PLANTES.
MODÈLE DE BEVILLE, D'APRÈS CHARLES LE BRUN.

N° 8. *Danse d'une nymphe et d'un satyre*, de la gauche (Pl.). H^r 5 mètres: L^r 3 m. 53.

Bordure d'arabesques et petites figures sur un fond quadrillé à or. Au milieu de la bordure du bas, le chiffre de Louis XIV.

Tome II (Louis XIV), p. 293-294.

Les deux pièces (n°s 5 et 7) de l'*Histoire de Scipion*, d'après Jules Romain, provenant du fonds de la Couronne et signalées comme manquantes, se trouvaient à l'École des Beaux Arts et, après avoir été réparées aux Gobelins, sont aujourd'hui conservées au Musée du Louvre.

N° 5. *La Continence de Scipion*. H^r 4 m. 54; L^r 6 m. 07 (Pl.). — Après la prise de Carthagène, Scipion, assis sur son trône, à l'entrée de sa tente, rend au jeune prince celti-bérien Allucius sa fiancée, et lui donne les trésors apportés par les parents de la jeune fille.

N° 7. *Scipion sauve son père*. H^r 4 m. 49; L^r 7 mètres (Pl.). — Le père de Scipion est renversé à terre et va être terrassé par ses ennemis; le jeune homme accourt et le délivre. À droite et à gauche, mêlées de combattants à pied et à cheval. Dans le fond, un fleuve que traverse un pont fortifié.

Bordure de fleurs et de fruits où courent des oiseaux et où jouent des Amours. La bordure supérieure est remplacée par une simple moulure. Les bordures des deux pièces sont légèrement différentes. En haut des bordures latérales, les armes du maréchal de Saint-André.

—— Tome II (Louis XIV), p. 316.

Dans la Collection Martin Le Roy se trouve une autre pièce de la tenture des *Chasses de Maximilien* aux armes de la princesse de Conti; c'est le mois de *Juin* (*la Curée*), figuré dans le sens même de la description, avec, dans la bordure du bas, le chiffre ℳ de Marie-Anne de Bourbon-Conti.

H^r 3 m. 85; L^r 2 m. 90. (J.-J. Marquet de Vasselot, *Catalogue raisonné de la Collection Martin Le Roy*, t. IV, p. 73-75, pl. XIV.)

—— Tome II (Louis XIV), p. 323.

LES MOIS ARABESQUES.

Nous avons indiqué que la tenture de Bruxelles figurant « les douze mois de l'année avec grotesques et paysages », décrite sous le n° 33 de l'Inventaire du mobilier de la Couronne, et qui servit de modèle aux tapisseries de la même suite tissées en basse-lisse, et par conséquent en contrepartie, aux Gobelins, fut brûlée en 1797, pour en tirer l'or qu'elle contenait.

Les anciennes collections impériales d'Autriche renferment un magnifique exemplaire

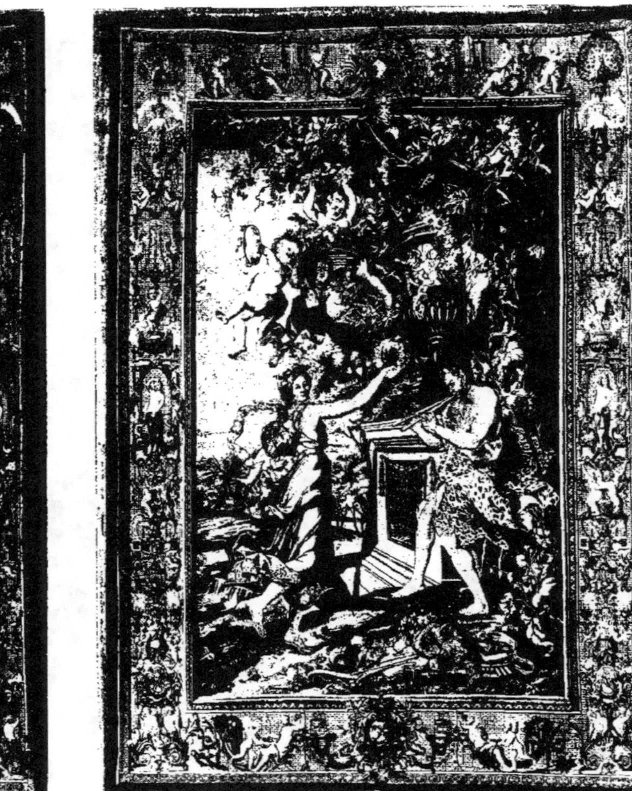

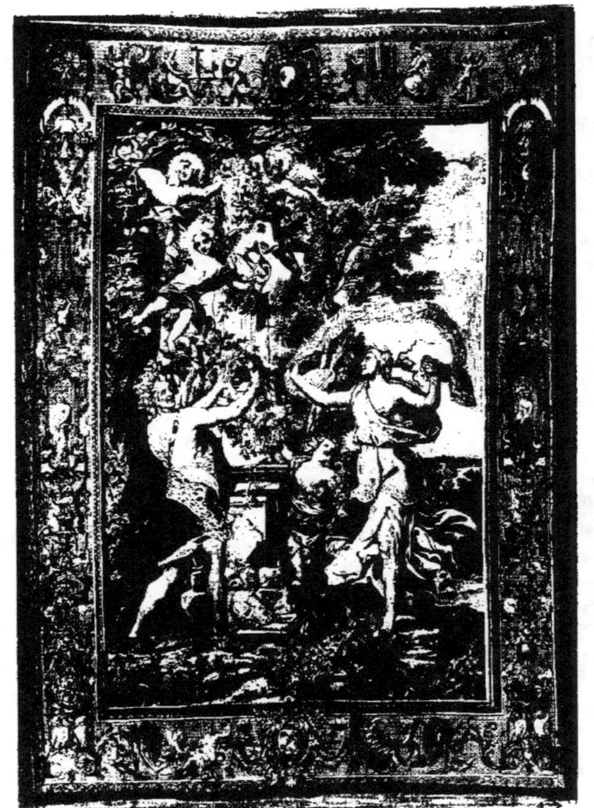

LES SUJETS DE LA PORTE D'APRÈS RAPHAEL

DANS LE ... TEMPLE ... DE SÈVRES.

de la tenture de Bruxelles, qui nous permet de reconstituer les parties modifiées ou détruites de la tenture des Gobelins. C'est une tenture à fond rouge portant la marque de Bruxelles, deux signatures de tapissiers, celle de Nicolas Leyniers (Juin et Septembre), et une autre commençant par les initiales C. R. et le fameux chiffre 4 des marchands tapissiers gothiques.

Le style des pièces est celui des tapisseries florentines à grotesques du xvi⁺ siècle, mais les petites scènes figurant les travaux et les plaisirs des mois dans les médaillons qui encadrent la figure de dieu et de déesse et le signe du zodiaque correspondant au mois sont d'inspiration flamande. La bordure de fleurs et fruits est enrichie de figures allégoriques debout ou assises; au milieu de la bordure supérieure, un cartouche porte l'inscription du mois, de la divinité et du signe du zodiaque; en bas, dans un médaillon, la représentation d'une scène de la mythologie. La tenture des Gobelins est en contrepartie de celle de Bruxelles, mais, dans quelques pièces, les scènes des travaux des mois dans les médaillons qui encadrent la figure sont placées du même côté.

Nous pouvons, grâce à cette tenture de Vienne, compléter les notices que nous avons données dans notre tome II.

Janvier. — Les scènes des travaux du mois dans le même sens. La bordure du bas est ornée de fleurs et de fruits avec, dans le médaillon du milieu, l'« Enlèvement de Ganimède », et autour l'inscription : *Rapitur Ganimedes a Jove in pincernam.*

Hʳ 4 m. 25 ; Lʳ 6 m. 40.

Février. — Les scènes des travaux du mois dans le même sens. L'inscription du médaillon de la bordure inférieure est légèrement différente : *Tipheo fugante deos cum prole Venus piscibus latuere.*

Mars. — Les scènes des travaux du mois en sens inverse. Dans l'inscription du médaillon inférieur : *Phrixum* au lieu de *Phirixam.* La pièce des Gobelins est plus étroite, et il lui manque les deux bandes de grotesques latéraux que comprend en plus celle de Bruxelles.

Hʳ 4 m. 30 ; Lʳ 5 m. 35.

Avril. — Les scènes des travaux du mois en sens inverse. L'inscription du médaillon inférieur est plus claire : 4 *Jove rapitur Europa cujus nomen in partem orbis noncupavit.*

Hʳ 4 m. 20 ; Lʳ 6 m. 10.

Mai. — Les scènes des travaux du mois en sens inverse. L'inscription du cartouche supérieur répète par erreur partie de l'inscription du mois de mars :

MAIUS

SUB TUTELA PALLADIS

CUM SIGNO ARIETIS.

L'inscription du médaillon inférieur est un peu différente : *Deficitur cum Polluce Castor investigando Helenam.*

Hʳ 4 m. 21 ; Lʳ 6 m. 87.

Juin. — Les scènes des travaux du mois sont en sens inverse. Le médaillon de la bordure inférieure représente Jupiter poursuivant la nymphe Garamante : *In obsequium Jovis Cancer retinet Garamantem nimpiam.*

H^r 4 m. 10 : L^r 4 m. 60.

Juillet. — Les scènes des travaux du mois en sens inverse. La bordure inférieure est semblable aux précédentes. Dans le médaillon : Hercule étrangle le lion de Némée; autour, l'inscription : *Nemeus Leo ab Hercule pressus.*

H^r 4 m. 25; L^r 5 m. 95.

Août. — Les scènes des travaux du mois qui manquent dans la pièce des Gobelins représentent, à droite, le chargement des gerbes sur le char; à gauche, la voiture de grains conduite au village par trois chevaux.

H^r 4 m. 23 : L^r 6 mètres.

Septembre. — Les scènes des travaux du mois sont en sens inverse. Autour du médaillon inférieur, l'inscription : *Justa Astrea facit dys contra gigantes et patrem.*

H^r 4 m. 20 : L^r 4 mètres.

Octobre. — Les scènes des travaux du mois sont en sens inverse.

H^r 4 m. 28; L^r 5 m. 30.

Novembre. — Les scènes des travaux du mois sont en sens inverse. La bordure du bas est semblable aux précédentes. Au milieu, le médaillon représente le centaure Chiron tué par Hercule; autour, l'inscription : *Centaurus Chiron ab Herculis sagitta casu occisus.*

H^r 4 m. 25; L^r 5 m. 30.

Décembre. — Les scènes des travaux du mois et les représentations de dieux au-dessus sont en sens inverse.

H^r 4 m. 25; L^r 5 m. 95.

— Tome II (Louis XIV), p. 354.

Dans sa notice sur les tapisseries de la Collection Martin Le Roy, M. Marquet de Vasselot signale (*Catalogue raisonné*, Fasc. IV, p. 81-83 et pl. XV) une pièce du mois de *Mai* de la tenture des *Mois Lucas*, représentant le *Tir à l'Arc* (H^r 3 m. 59; L^r 3 m. 22), de la même série que le mois de *Janvier* exposé en 1876 à l'Exposition de l'Union centrale des Beaux-Arts, et le mois de *Février*, passé en vente à Paris, le 18 mai 1877, mais avec une bordure légèrement différente : deux médaillons ornés d'amours en camaïeu bleu sont ajoutés au milieu des montants verticaux, ainsi qu'un quadrillé sur fond jaune brun entre le milieu de chaque côté et les fleurs d'angle.

La pièce de la collection Martin Le Roy porte par erreur, au haut, le signe de la Balance, au lieu des Gémeaux qui sont le signe du mois de Mai.

V

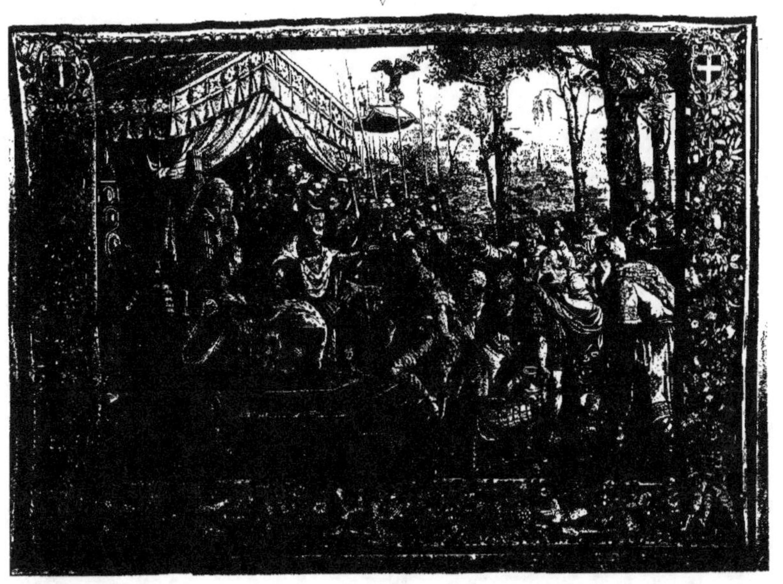

VII

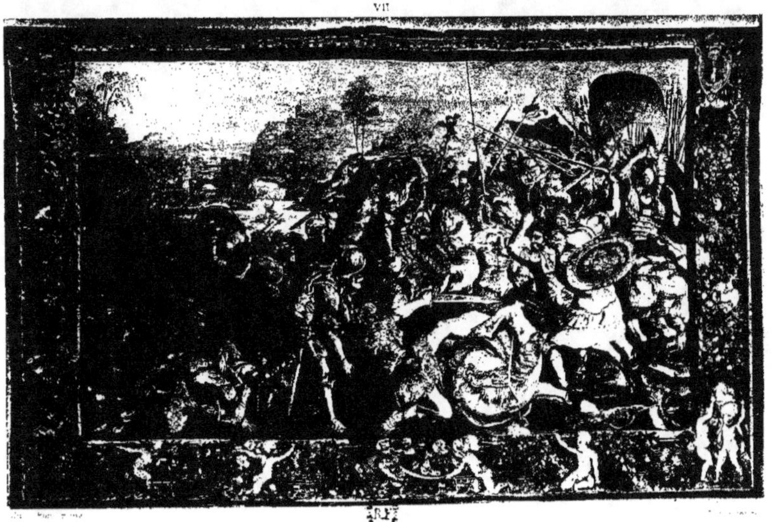

— Tome II (Louis XIV), p. 396.

Le Musée d'Oxford possède une pièce du *Combat des animaux* de la Tenture des Indes signée « Jans ».

— Tome II (Louis XIV), p. 414.

La tenture de la *Galerie de Saint-Cloud*, qui décorait l'ambassade de France à Rome au moment de la Révolution, et que le cardinal de Bernis refusa de rendre au nouveau gouvernement, est passée en vente à Paris.

Tome II (Louis XIV).

LES BATAILLES DE CHARLES XI.

Dans son beau volume sur la Collection des tapisseries de l'État suédois (t. IV, p. 83-86), le Dr John Böttiger expose dans tous les détails l'origine et l'exécution de cette tenture exécutée à Paris, puis à Beauvais, dans les ateliers de Béhagle, qui signa les pièces 2 et 3, et terminée aux Gobelins par Dominique de La Croix, qui signa la quatrième pièce.

Nicodème Tessin raconte dans une lettre à Daniel Cronström, alors agent de la Suède à Paris, qu'au cours d'une visite à Drottningholm, château royal des environs de Stockholm, avec le roi Charles XI, il lui persuada de faire exécuter en tapisserie les dix tableaux de Lemke exposés dans la grande galerie du château, et représentant la guerre du roi contre le Danemark. C'était en 1695.

Cronström est chargé de l'affaire. Dès 1695 on lui envoie la copie du tableau représentant la *Bataille de Malmö* (4 juillet 1677), puis le carton de la *Bataille de Landskrona* (14 juillet 1677), et deux dessins de la *Bataille de Lund* (4 décembre 1676).

La Manufacture des Gobelins était alors fermée. Cronström dut s'adresser à l'industrie privée. Il passa d'abord commande à Hinard, puis, celui-ci ayant été emprisonné à la demande de ses créanciers, à Béhagle, à qui Mme de Montespan avait confié l'exécution des tapisseries tissées sur les dessins de Bérain pour son fils, le comte de Toulouse. Il avait d'ailleurs recueilli les ouvriers d'Hinard.

En 1697 et 1698, le peintre Jean-Baptiste Martin exécute, d'après les esquisses envoyées de Suède, et après quelques corrections apportées par Cronström que conseillait Bérain, les cartons de la *Bataille de Malmö*, de la *Troisième journée de la bataille de Lund* et de la *Bataille de Landskrona*. Vernansal fit les bordures sur un dessin de Bérain.

La mort de Charles XI en 1697, des contestations entre Béhagle et ses ouvriers, la réouverture des Gobelins où rentrèrent les anciens ouvriers passés momentanément au service de Béhagle, ralentirent la marche du travail. Enfin, en 1699, la *Bataille de Malmö*, la première mise sur le métier, était terminée ; elle ne porte aucune marque ni signature. La *Troisième journée de la bataille de Lund*, signée « Béhagle » et exécutée comme la précédente à Paris, dans les ateliers de Béhagle, fut terminée cette même année, comme aussi la *Bataille de Landskrona* (pl.), tissée à Beauvais sous la direction de Béhagle, qui la signa, et qui avait succédé à Hinart à la tête de la Manufacture.

La première pièce fut envoyée à Stockholm dès 1699, les deux autres, en 1703, après avoir été montrées à Louis XIV qui les admira fort.

La quatrième pièce, faute de ressources, n'avança que lentement. Béhagle avait renoncé à la commande; elle fut tissée aux Gobelins, dans l'atelier de Dominique De Lacroix, qui la signa. Elle représente la *Deuxième journée de la bataille de Lund.* Les autres ne furent jamais exécutées.

La Bibliothèque d'Upsal conserve encore les comptes des dépenses faites pour les trois premières pièces de 1697 à 1699 :

Comptes conservés à la Bibliothèque d'Upsal[1] :

En 1697, Pour une légère avance faite à Hinard le tapissier avec qui j'avais passé contrat fixant la somme que je ne pourrais recouvrer à sa banqueroute. . . . . 50 ₶.

I. Dépenses faites pour le siège de Malmö (1697-1699).

1699. Payé à Behagle en plusieurs fois et par acomptes pour toute la pièce renfermant 15 aunes carrées de France 1/16. . . . . 2.353 ₶ 7.

II. Dépenses faites pour la 3ᵉ action de la bataille de Lund (1697-1699).

1699. Payé à M. Behagle, pour la pièce même, renfermant 16 aunes carrées de France 9/16.   2,418 ₶.

— Payé aux trois ouvriers qui ont exécuté ladite pièce qu'autrement ils eussent abandonnée pour s'engager aux Gobelins lors du rétablissement de cette manufacture. . . . . 169 ₶.

III. Dépenses faites pour la bataille de Landskrona, qui a été exécutée à Beauvais (1698-1699).

1699. Payé à M. Behagle pour toute la pièce, renfermant 16 aunes carrées de France 9/16, à raison de 150 ₶ l'aune. . . . . 2,418 ₶.

Mon voyage à Beauvais et pourboires aux ouvriers de cette fabrique. . . . . 80 ₶.

Cette suite de quatre pièces tissées en fine laine et soie rehaussée d'or est conservée en bon état dans les collections de l'État suédois. En voici l'ordre et la description tels que les donne le Dʳ Böttiger :

1. *Bataille de Malmö.* Hᵣ 4 m. 08 ; Lᵣ 5 m. 17. (Böttiger, t. II, pl. XXIX.) Château de Stockholm.

2. *Bataille de Landskrona.* Hᵣ 4 m. 04 ; Lᵣ 5 m. 34. Signée « Béhagle ». (Böttiger, t. II, pl. XXX.) Château de Stockholm (Pl.).

3. *Deuxième journée de la bataille de Lund.* Hᵣ 4 m. 03 ; Lᵣ 5 m. 18. Signée « D. Lacroix ». (Böttiger, t. II, pl. XXXI). Château de Stockholm.

4. *Troisième journée de la bataille de Lund.* Hᵣ 4 m. 04 ; Lᵣ 5 m. 25. Signée « Béhagle ». (Böttiger, t. II, pl. XXXII). Château de Stockholm.

[1] Publié par Böttiger. *La collection des tapisseries de l'État suédois*, t. IV, p. 85-86.

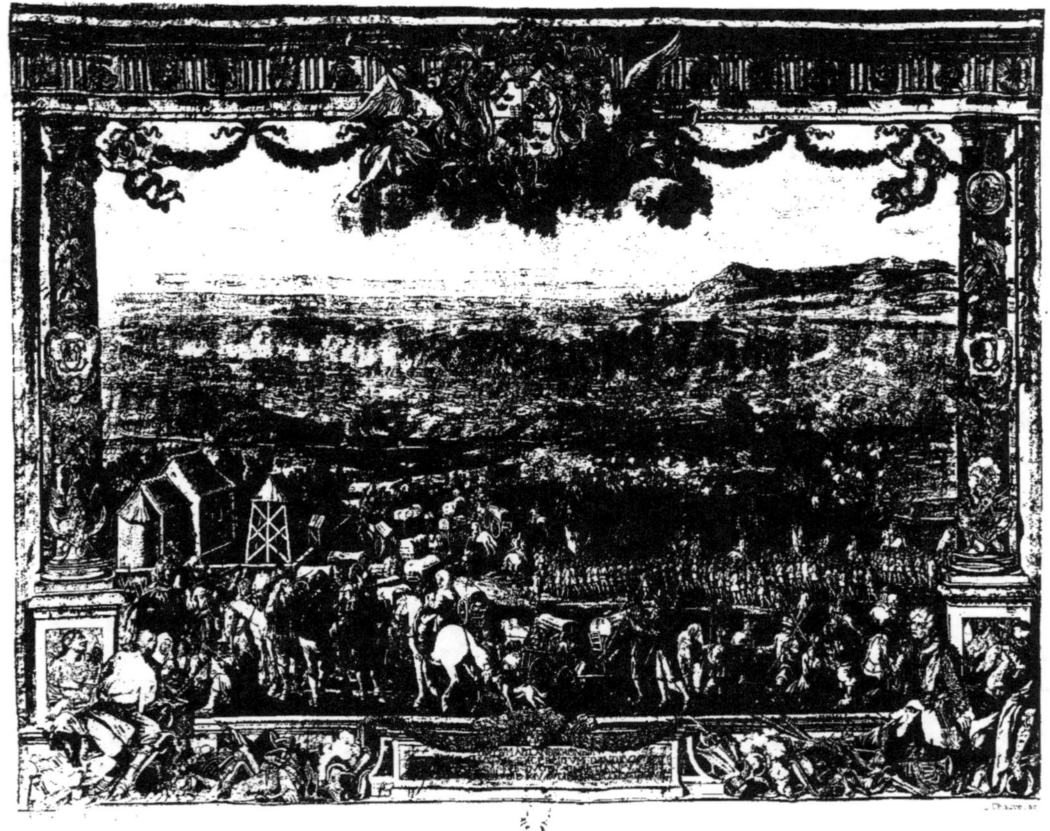

LES BATAILLES DE CHARLES XI D'APRÈS LEMKE

BATAILLE DE LANDSKRONA

—— Tome III (xviiie siècle, 1re partie), p. 251-252.

Le marquis de Breadalbane possédait trois portières d'après les alentours de la tenture de *Don Quichotte*, exécutées aux Gobelins d'après les dessins du peintre Tessier, et analogues à celles qui furent données au marquis de Marigny et au roi de Suède, mais sans le chiffre du roi. Elles passèrent en vente à Londres, le vendredi 13 avril 1923.

Elles mesuraient respectivement : 9 pieds 8 pouces sur 4 p. 9 1/2; 9 p. 10 sur 4 p. 10 1/2 et 9 p. 8 sur 4 p. 10.

—— Tome III (xviiie siècle, 1re partie), p. 351-352.

Le sujet de la pièce n° 7 des *Chasses de Louis XV*, par J.-B. Oudry (1744), représentant la *Curée du Cerf*, se passe, non à Compiègne, mais en forêt de Saint-Germain, à la lisière

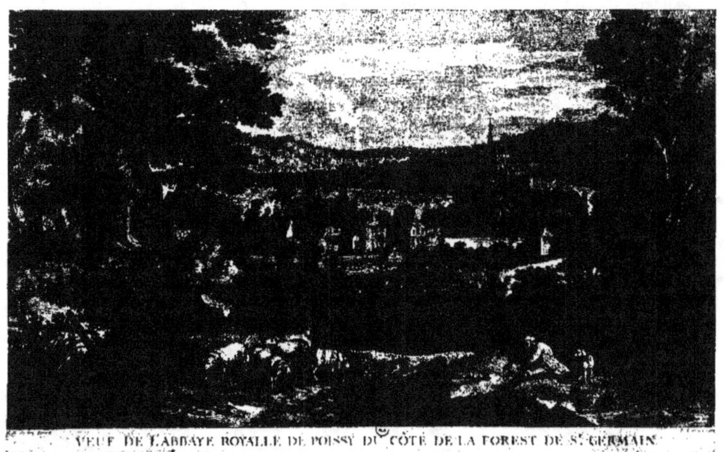

VEUE DE L'ABBAYE ROYALLE DE POISSY DU COTÉ DE LA FOREST DE St GERMAIN

de la plaine de Poissy, que l'on aperçoit dans le fond, sur le bord de la Seine. A gauche la grande abbaye et l'abside de son église.

Le même paysage se retrouve, inversé, dans la gravure de N. Tardieu d'après J.-B. Oudry : « Veue de l'abbaye royalle de Poissy du côté de la forest de Saint-Germain » (fig).

—— Tome IV (xviiie siècle, 2e partie), p. 25, 307-308.

D'après les recherches faites par M. Slomann, bibliothécaire du Musée d'art industriel de Copenhague, toutes les tapisseries données en présent au roi de Danemark par la France disparurent dans l'incendie du château de Christiansborg en 1794.

—— Tome IV (xviiiᵉ siècle, 2ᵉ partie), p. 322-323 pl., p. 324, 326.

Le portrait d'empereur exécuté par Cozette en pendant au portrait de Marie-Thérèse est celui de Joseph II, fils de Marie-Thérèse, et non celui de François Iᵉʳ, comme il avait été imprimé par erreur.

—— Tome IV (xviiiᵉ siècle, 2ᵉ partie), p. 239-242.

Les deux tableaux originaux de la suite d'*Aminte*, par Boucher, qui ont appartenu au duc de Penthièvre : *Sylvie délivrée par Aminte* et *Sylvie guérit Philis de la piqûre d'une abeille*, se trouvent actuellement non pas à la Manufacture des Gobelins, mais bien dans les collections de l'Hôtel de la Vrillière, aujourd'hui la Banque de France, hôtel qui, depuis 1713, appartenait au comte de Toulouse et à son fils, le duc de Penthièvre.

Les tableaux de la Manufacture des Gobelins sont des copies exécutées comme modèles de tapisserie d'après les originaux du duc de Penthièvre.

10. *Sylvie délivrée par Aminte*. Signé, à gauche : « F. Boucher, 1755 ».

11. *Sylvie guérit Philis de la piqûre d'une abeille*. Signé, à droite : « F. Boucher, 1755 ».

—— Tome IV (xviiiᵉ siècle, 2ᵉ partie), p. 341.

Les deux tableaux exposés par Drouais au Salon de 1761, et représentant, l'un un *Jeune élève*, l'autre une *Petite fille jouant avec un chat*, faisaient partie de la collection Roussel, et sont passés en vente en 1912.

—— Tome IV (xviiiᵉ siècle, 2ᵉ partie), p. 350.

A la vente Polovtsoff (Paris, 2-4 décembre 1909), sont passées les quatre portières tissées par Cozette en 1781 pour l'évêque de Liège et représentant les *Quatre Saisons*, suivant le type des *Portières des dieux* de Claude Audran. Sur un fond damassé cramoisi bordé par des feuilles d'acanthe rehaussées de figures gaînées et par un large cadre décoré, aux angles supérieurs, des armes des princes-évêques de Liège, se détachent les figures de *Vénus-le Printemps*, *Cérès-l'Été*, *Bacchus-l'Automne* et *Saturne-l'Hiver*; au-dessus, dans un médaillon encadré de guirlandes de fleurs, des jeux d'Amours, en bas, des oiseaux.

Ces pièces sont signées de Cozette et datées de 1781. Elles mesurent 3 m. 05 de haut, et respectivement 2 m. 15, 2 m. 10, 1 m. 85 et 1 m. 85 de large.

—— Tome IV (xviiiᵉ siècle, 2ᵉ partie), p. 351.

Un deuxième exemplaire du *Portrait de l'Impératrice de Russie, Catherine II*, exécuté par Cozette, mais non signé, est passé à la vente Zarine, à Paris, le 5 décembre 1917.

TABLE DES MATIÈRES.

Les noms de personnes, de lieux, de matière, sont imprimés en capitales; les titres de tapisseries, tableaux, dessins, gravures, en italiques; lorsque ce titre est celui d'une tapisserie, on ne l'a fait suivre d'aucune indication spéciale.

Le premier chiffre de la référence indique le chiffre du tome, le deuxième, la page de ce tome. Il est rappelé que :

Le t. I comprend l'histoire des ateliers parisiens au XVIIe siècle.
Le t. II — — des Gobelins sous Louis XIV.
Le t. III — — des Gobelins au XVIIIe siècle (1re partie).

Le t. IV comprend l'histoire des Gobelins au XVIIIe siècle (2e partie).
Le t. V — — des Gobelins au XIXe siècle.
Le t. VI — les *Addenda*.

A

Artois (Comte d'). Reçoit en 1777 plusieurs pièces de l'*Ancien Testament*, III, 94; — et de *Don Quichotte*, III, 251.

Arts (*Les*). tenture d'après Jean Restout, IV, 84-90 pl.

Arts et Sciences. figures du paravent des meubles à fond de soie bleu pour le Salon de la Paix aux Tuileries, V, 439, 440.

Artus. Collection : Une pièce des *Amours des Dieux*, I, 345.

Arvien, p. Bordures de l'*Histoire de Moïse*, II, 187. — Cartons des *Mois*, II, 129, 130; — de la *Portière de Mars*, II, 9.

Ascension (*L'*). De la *Vie de Notre Seigneur*, I, 106.

Asdrubal, figure dans le *Festin*, de la tenture de l'*Histoire de Scipion*, II, 293.

Aske Hall (Yorskshire). Château du Mis de Zetland décoré de tentures de Boucher, IV, 274.

Assaut (*L'*) *de Carthage*, II, 293; — *et la Victoire*, d'après J. Romain, II, 280, 284.

Assemblée (*L'*), *Mai*. d'après B. Van Orley, II, 302-303, pl.

Assemblée (*L'*) *au palais du Roi, Février*, d'après B. Van Orley, II, 300-301, pl.

Assemblée (*L'*) *des États*. De l'*Histoire d'Artémise*, I, 166, fig.

Assomption (*L'*), d'après Ph. de Champaigne, I, 266; — d'après Le Titien, V, 330.

Atalante blesse le sanglier de Calydon, d'après Le Brun, II, 32-33, pl.

Atalide, figurée sur la tap. Bajazet, des *Scènes d'Opéra*, IV, 147.

Athalie, d'après A. Coypel, III, 84; — *interrogeant Joas*, d'après Coypel, IV, 145, 148, 156-157, pl.

Attila, d'après Raphaël, II, 200-203, 2 pl.

Attributs divers, par M. Jacques, IV, 260-261, pl.

Aubert. Achète diverses tapisseries de l'atelier de R. de La Planche, I, 23, 24, 66.

Aubeterre (Mis d'). Reçoit en 1761 une tenture des *Fragments d'Opéra*, III, 337.

Aubusson. Atelier de tapisserie : *La Terre*, d'après Le Brun, II, 52.

Auclair, tapis.; *Le Centenier*, V, 321; — *Cérès*, V, 89; — *Tentures de Boucher*, V, 64.

Audience (*L'*) *du Cardinal Légat*, d'après Le Brun, II, 100, 101, 103, fig., 107.

Audran (Benoît), grave *Daphnis et Chloé*, d'après Philippe d'Orléans, III, 283.

Audran (Claude), (1699-1734), p. d'ornements aux Gobelins, III, VIII; — auteur présumé de la tenture à animaux de la Collection Darcel, IV, 415. — Modèles : *Chancellerie*, II, 422; III, 135, 136-137, pl.; — Bordure des *Chasses de Maximilien*, pour le duc d'Antin, II, 317; — Les *Douze Mois Grotesques*, III, 73, 74-79, 2 pl., 2 fig.; — Deuxième alentour de l'*Histoire de Don Quichotte*, III, 157, 159, 171, 172; — Les *Indes*, II, 384; — Les *Portières des Dieux*, III, 1-4, 4-47. pl.; — Cartons : Les *Enfants jardiniers*, II, 87; — bordure de l'*Histoire du Roy*, II, 100; — l'*Hyver*, II, 70; — les *Muses*, II, 37; — la *Terre*, II, 52.

Audran (Jean), grav. : Les *Douze Mois Grotesques*, III, 74; — l'*Histoire d'Alexandre*, II, 171; — la *Pêche Miraculeuse* et la *Résurrection de Lazare*, III, 103.

Audran fils (Jean), chef d'atelier aux Gobelins (1771-1794), II, VIII, — Exécute des tentures de Boucher, IV, 296.

Audran (Joseph), directeur des Gobelins (1792-1793, 1795), II, VIII; V, XI.

Audran (Michel), chef d'atelier aux Gobelins (1732-1771), II, VIII; — Insiste auprès du Mis de Marigny pour qu'il fasse exécuter des modèles plus conformes au goût des particuliers, IV, 77, 78, 163. — Les *Amours des Dieux*, IV, 202, 204, 207, 209, 6 pl.; — Les *Chambres du Vatican*, II, 210, 212-215, 217; — Les *Chasses de Louis XV*, III, 353, 359, 5 pl.; — Le *Costume Turc*, IV, 333-336, 2 pl.; — Un *Dais du Roi*, III, 155; — *Daphnis et Chloé*, IV, 75-78, 82, 83, 4 pl.; — *Écran*, IV, 381; — *Fêtes de village*, IV, 170, 1 pl.; — *Fragments d'Opéra*, III, 330, 336, 339, 2 pl.; — *Histoire d'Esther*, IV, 9, 11, 13, 17, 20, 22, 23, 27, 34, 5 pl.; — *Histoire d'Henri IV*, IV, 359, pl.; — *Histoire de France*, IV, 372, 373; — *Histoire de Jason*, IV, 110-112, 133-135, 3 pl.; — *Histoire de Marc-Antoine*, IV, 97, 2 pl.; — *Histoire de Thésée*, IV, 137, pl.; — *Meubles*, IV, 393, 397, 410; — Les *Mois Lucas*, II, 352, 355, 357, 359, 366, pl.; — Le *Nouveau Testament*, III, 111, 113, 116, 2 pl.; — *Nouvelle portière de Diane*, III, 305; — *Portières des Dieux*, III, 24, 25, 27, 9 pl.; — *Portrait de Louis XV*, IV, 306, 307, 5 pl.; — *Portrait de Marie-Antoinette, dauphine*, IV, 322, pl.; — Les *Quatre Saisons*, IV, 364, 365, 2 pl.; — *Don Quichotte*, III, 201, 203, 214-216, 220, 227, 241, 242, 267, 274, 16 pl.; — *Scènes de théâtre*, IV, 169, 3 pl., — Les *Sujets de la Fable*, II, 261, pl.; — *Tenture de Dresde des Scènes d'Opéra*, IV, 151, 152, 154, pl.

Augereau (Maréchal). Sa femme reçoit en 1813 : *Napoléon Ier en buste*, d'après Gérard, V, 379.

AUMALE (Duc d'). Collection : *Les Chasses de Maximilien* et plusieurs pièces des *Indes*, II, 319, 395.

Aurore (L'), d'après Guido Reni; copie de H. Leroux, V, 336; — *et Céphale*, I, 339, — d'après Boucher, IV, 230, 231, 234, 302-303, pl.; V, 55.

Autel (L') de l'Hymen, d'après T. Faivre, V, 179.

AUTHON (Jean), tap. aux Gobelins et son fils, Louis, apprenti (1626), I, 13.

Automne (L'), d'après A. Callet, IV, 362-363, pl.; — d'après Le Brun, II, 80-81, pl., 84, 92-93, pl., 97; — d'après Lévy-Dhurmer, V, 213; — d'après Mignard, II, 403, 410-413, 2 pl; — IV, 350; VI, 10.

Automne (L') et l'Hiver, d'après N. Coypel, pour compléter les *Mois Arabesques*, II, 332; V, 27; — d'après Dieterle et Baudry, V, 140, 141.

AUVERGNE (Guillaume), tap. de la manufacture de Raphaël de La Planche et son fils, Guillaume, apprenti, I, 21, n.

AUXERRE. Musée : *Achille court venger la mort de Patrocle*, tabl. de C. Coypel, III, 297.

Avril, pièce des *Chasses de Maximilien*, d'après Van Orley, II, 303; — des *Mois*, d'après Le Brun, II, 129, 130, 134; — des *Mois Arabesques*, II, 326; VI, 5; — des *Mois Grotesques*, III, 75; — des *Mois Lucas*, II, 340, 350-351, pl.

B

BAROU DE LA BOURDAISIÈRE, directeur des ateliers de Fontainebleau sous François Ier, I, 90.

Bacchanale, tap. attribuée aux ateliers de Fontainebleau, I, 92; — d'après J. Romain, I, 295-300, 1 fig., 1 pl.

Bacchante, d'après Joseph Vien, IV, 350.

BACCHUS. *Triomphe de B.* II, 222; — Figure dans les *Amours des Dieux*, I, 338, 339, fig.; IV, 200, 201; — le *Festin des noces de Psyché*, II, 249; — la *Galerie de Saint-Cloud*, II, 403; — les *Métamorphoses*, III, 126, 128; — la *Portière des Dieux*, III, 6-7, pl.; — les *Saisons*, II, 72; — IV, 350, VI, 10.

Bacchus et Ariane, I, 339, fig.; 128-129, pl.; — ou l'*Automne*, V, 31.

BACOT (Gilles), tapis. Exécute deux écrans, dessins chinois, IV, 381.

BADE (Grand-duc Charles-Frédéric, et grande-duchesse Stéphanie de). Reçoivent de Napoléon *Héliodore chassé du temple*, d'après Raphaël, II, 216; *Napoléon Ier en buste*, d'après Gérard, V, 379; un *Vase de fleurs*, V, 353; la *Vision de Constantin*, d'après Raphaël, II, 216 et diverses autres pièces, V, 41, 43, 45.

BADIN (Pierre-Adolphe), administrateur de la Manufacture (1848-1850 et 1860-1871), V, XI.

BADOUIN (Claude), p., auteur de cartons pour la manufacture du château de Fontainebleau, I, 90, 91.

BAGNOLET. Château décoré des tabl. de *Daphnis et Chloé* par le Régent, III, 283, 284.

BAIGNEQUEVAL (Jean-Baptiste), p., auteur de cartons pour les ateliers de Fontainebleau, I, 90.

BAILLY. p. en miniatures. *Les Éléments*, II, 52; — *Les Saisons*, II, 70.

Bain (Le) de Psyché et de l'Amour, d'après Romain, II, 247. 248. 250. 254-255, pl.

Bajazet, pièce des *Scènes d'Opéra*, d'après C. Coypel, IV, 147.

Bal (Le) de Barcelone, d'après C. Coypel, III, 188-207, 2 pl.

Balançoire (La), d'après M. Corneille, I, 372-373, pl. 374.

BALLIN, p. Cartons de l'Eau et de la Terre, II, 52; — de l'Automne, II, 70. — Copies pour basse lisse : l'*Audience de l'ambassadeur d'Espagne*, le *Combat contre le comte de Marsin*, la *Réduction de Dunkerque*, et la *Réduction de Marsal*, II, 101.

BALZE (Raymond). Modèle de l'*Étude surprise par la Nuit*, V, 334. — Bordure des tap. de la *Farnésine*, V, 25. — Carton de l'*Apothéose d'Homère*, d'Ingres, V, 295.

Bannières, V, 364-369.

Banquet (Le) des obsèques, sonnet de Nicolas Houel, I, 153.

Baptême (Le), aquarelle de Poussin, I, 284; — de *Constantin*, I, 248-249, pl.; II, 27, 28, 30; — de M. le Dauphin, d'après Le Brun, II, 100, 104. 113; — du Christ de la *Vie de Notre Seigneur*, I, 106 d'après Restout, III, 105; — du Duc de Bourgogne d'après Christophe, II, 124-125, pl.

BARAILLON. Reçoit deux tabl. de l'*Histoire d'Henri IV*, IV, 360.

BARBERINI (Cardinal). Son atelier de tap. à Rome, I, 254-255. — Possédait les tentures : *Amours et*

du jour. IV, 400. — Cartons : *Athalie interrogeant Joas*, IV, 145, 148; — *Bajazet*, IV, 147; — *Renaud endormi*, IV, 146, 149. — Rallonge pour l'*Évanouissement d'Armide*, de Coypel, III, 331. — Bordure et restauration des *Portières des Dieux*, III, 27, 36, 37.

Bellegarde (Marquis de). Reçoit Pierre le Grand aux Gobelins. II, 382.

Bellel (Jean-Joseph), p. Modèle du *Héron*. V, 165.

Belles chasses (Les) de Guize, nom donné aux *Chasses de l'empereur Maximilien*. II, 299.

Bellièvre (Claude de), archevêque de Lyon. Reçoit en don une tenture des *Actes des Apôtres*, I, 280, 281; II, 44.

Bellisle (Maréchal de). Reçoit en prêt en 1741 une tenture des *Indes*, II, 391; — quatre pièces des *Portières des Dieux*, III, 15; — une tenture des *Triomphes des Dieux*, II, 240.

Bénard grav. *Tapisserie de haute lisse*, II, XII, fig.; — *Tapisserie de basse lisse*. III, XII, fig.; — *Tapisserie de haute lisse, attitude de l'ouvrier pour commencer l'ouvrage*, IV, X, fig.

Bendelman, p. Modèles pour la décoration de la salle à manger à l'Élysée, V, 128.

Bennevault, p., *voir* Bonnault.

Benain, p. *Tenture de Charles de Lorraine*, IV, 412-413, 414-415, 2 pl.; — bordures des *Batailles de Charles XI*, VI, 7.

Bergère (La). Copie d'une tapisserie du XVe siècle, V, 88.

Bergers, bergères et un amour dans les nues, du *Songe de Lamon*, d'après Jeaurat, IV, 79.

Berlin. Ambassade de France. Plusieurs pièces des *Indes* et des *Mois*. II, 157, 158, 379, 380. — Collections de la Couronne : Six pièces de *Don Quichotte*, III, 260; *Henri IV* et *Louis XVI*, IV, 323, 325. — Palais-Royal : *Histoire de Diane*, I, 238, 239.

Bernard (Georges). Collection : l'*Été*, d'après Callet, IV, 366.

Bernard (Pierre). Tap. de la Manufacture de Comans et de La Planche, I, 7, 12, 39, 45, 47.

Bernay. Musée. Copie par Belle du tabl. de Coypel : *Psyché abandonnée par l'Amour*, IV, 146.

Berne. Ambassade de France : Plusieurs pièces de l'*Histoire de Moïse*, II, 192.

Bernis (Cardinal de), ambassadeur à Rome. Conserve en 1791 les tentures de l'*Histoire du Roi* et des *Triomphes des Dieux*. II, 121, 122, 241, 414; III, 88.

Berry (La duchesse de) *et ses enfants*, d'après Fr. Gérard, V, 415.

Berthelemy. p. Modèles des *Bourgeois de Calais*, de la *Mort d'Étienne Marcel* et de la *Reprise de Paris par le connétable de Richemont*, IV, 370, 371, 372.

Berthier (Maréchal). Reçoit en 1807 le *Chameau des Nouvelles Indes*, V, 47; qu'il échange contre l'*Enlèvement d'Orithye*, V, 283; — possédait deux portraits de *Napoléon Ier en buste*, d'après Gérard, V, 379, 380.

Berthon (René-Théodore), p. Modèle de l'*Empereur recevant la reine de Prusse*, V, 247, 248.

Bertin (Nicolas), p. Modèles des *Métamorphoses*, III, 121, 123, 125.

Besançon. Musée : Quatre pièces des *Travaux d'Ulysse*, I, 332.

Besnardy (Jean). Tap. aux Gobelins (1624), I, 13.

Béthune-Sully (Louise de). Possédait une tenture à son chiffre de l'*Histoire de Psyché*. I, 291.

Béville, p. Modèle du *Jardin des Plantes*, de la tenture des *Maisons Royales*, d'après Le Brun, VI, 2. 3, fig.

Bidac (Eugène), p. Modèles des fleurs dans la décoration de la Première Chambre du Palais de justice de Rennes, V, 191-197, pl.

Biennourry (Victor-François-Éloi), p. Modèle de Le Sueur. V, 126.

Billes (Les), pièce des *Jeux d'enfants*. I, 374.

Bischoffsheim. Collection : *Les Mois Grotesques*, III, 79.

Bitaubé, fait partie du jury des Arts qui examine les tapisseries des Gobelins, le 10 septembre 1794. II, 247.

Blain de Fontenay. p., *voir* Belin de Fontenay.

Blanc (Paul-Joseph), p. Décore la Première Chambre du Palais de Justice de Rennes, V, 191-197, pl. Modèles du *Couronnement de Molière*. V, 177; — de la *République française*, transformée en : *Les Fêtes de la Ville de Paris*. V, 187, 188.

Blandin, tap. *Vie de saint Bruno*, V, 322.

Blassay (Pierre), tap. aux ateliers de Fontainebleau, I, 91; travaille à une *Vie de saint Mammès* et à diverses autres tapisseries. I, 92.

Blois. Château. Figure dans les *Mois*, d'après Le Brun, II, 137.

Blondel, p. Modèles de *Jeanne d'Arc sur les remparts d'Orléans*; *Sainte Clotilde, reine de France*. V, 441.

Boels (Pierre), p. Cartons des *Mois*. II, 139.

BOULLEAU. Achète des tapisseries de la manufacture de R. de La Planche, I, 24, 67.

BOIRON (Émile), chef de pièce. *Cérès.* V. 89; — *Chambre de Mazarin.* V, 172; — *Le Chevreuil.* V. 168; — *Les Douze Mois Grotesques,* V, 33, 34; — *La Philosophie.* V, 195; — *La Tapisserie.* V, 177; — *Tentures de Boucher.* V, 63; — *Vase ornemental.* V, 356.

BOIZOT (Antoine). 1735-1782, p. aux Gobelins, III, VIII; remet en état les modèles usés de l'*Histoire de Don Quichotte,* de Coypel, III, 238, 239; — repeint et complète les modèles usés de la tenture de *Jupiter* et des *Portières des Dieux,* III. 27, 36, 37.

BOLKAMT, p. Modèles du quatrième alentour de l'*Histoire de Don Quichotte,* III, 176.

Bon (Le) Pasteur. d'après Raphaël, II, 47.

Bonaparte. d'après Gros, V, 424; — *distribue des sabres d'honneur aux grenadiers de sa garde,* d'après Gros. V. 232-233, pl.; — *franchissant le Saint-Bernard.* d'après L. David. V, 372, 373: *premier Consul.* d'après Sauvage, V, 374.

BONAPARTE (Elisa). Reçoit en 1812 *Napoléon Ier en buste,* d'après Gérard, V, 379.

BONAPARTE (Pauline). Reçoit en 1811 *Bonaparte franchissant le Saint-Bernard.* d'après David, V, 373.

BONNART (Robert-François), p.-décorateur. Modèles des *Métamorphoses,* III, 121, 123-125.

BONNAULT, p. Travaille aux modèles de l'*Histoire de Don Quichotte,* III, 160, 161.

Bonne, Nonne et Ponne, d'après F. Desportes. V. 342, 343.

BONNEMER, p. Modèles des *Chancelleries.* II. 421; III, 133; — retouche ceux des *Indes* et des *Mois Lucas.* II, 339. 351, 371. — Cartons des *Chasses de l'empereur Maximilien.* II, 300; — les *Enfants jardiniers.* II, 84, 87; — *Fructus belli.* II, 282: *Histoire d'Alexandre.* II. 168; — *Histoire de Scipion.* II, 291; — les *Mois.* II, 130; — la *Manne.* II, 186; — les *Muses.* II, 37; — *Sacre du Roy.* II, 101; — le *Serpent d'Airain.* II, 186, 187; *Vénus dans son char.* II. 268. 269; — la *Verge changée en serpent,* II, 187.

BONNENFANT (Étienne), tap. de l'atelier de Cadillac, I, 259.

BONNET (L.). grav. *Les Jeux de l'amour.* d'après Boucher. IV, 188, fig.

Bonté (La), d'après Le Brun, II. 54. 55.

BORDEAUX. Chambre de commerce : Quatre portraits de la famille royale, IV. 316. — Faculté de méde-cine : *la Médecine* et *la Pharmacie,* d'après P.-V. Galland, V, 179, 180. — Hôtel de Ville : Tap. d'après V.-G. Claude, V, 197, 198.

Bordures du XVIe et du XIXe siècle, V, 88, 444, 445; — de la Musique et de la Danse, d'après P. Monnier, II, 260-261, pl.; — des *Actes des Apôtres.* II, 238-239, pl.

Borée et Orythie. grav. de Bouilliard, d'après Vincent, V, 260. fig.

BORGHÈSE (Prince Camille). Reçoit en 1807 une pièce du *Costume turc,* IV, 334, et le *Vase de fleurs.* V, 354.

BORIONE, p. Carton du *But.* d'après Boucher, V, 131.

BOSSE (Abraham), grave les tableaux de Vignon représentant l'*Histoire d'Ariane,* I, 367-370, 3 fig.

BOTCHÉ (Gérard). Tap. à la manufacture de Comans et de La Planche, et son fils, Henry, apprenti (1626), I, 13.

BOTCHKA, tapis. aux Gobelins, *Cérès.* V. 89; — *Tentures de Boucher.* V. 55.

BOUCHER (François). p. Nommé inspecteur des travaux des Gobelins à la mort d'Oudry (1755), III, 358, IV, 225-227. — Modèles de 14 tentures à sujets divers exécutés de 1758 à 1763, IV, 225-245. — *Aminte et Sylvie.* IV, 241-244. 4 fig.; — l'*Amour et Psyché,* IV, 296-297, pl.; — *Amours,* IV. 225. 298, 2 fig.; — l'*Aurore et Céphale,* IV, 302-303, pl.; — la *Diseuse de bonne aventure.* IV. 238-239. pl.; — les *Génies des arts.* IV. 195, 200-201. pl.; — les *Jeux de l'amour,* IV, 188, fig.; — *Jupiter transformé en Diane pour surprendre Callisto.* IV, 284-285, pl.; — *Le lever et le coucher du soleil,* IV, 174, 176-177. pl.. 184-185, pl.; — médaillons, IV, 228-229, pl., 399. 400; — meubles pour Mme de Pompadour et le comte de Jersey, IV. 384. 385. 405, 406, 407, pl.; — la *Musique.* V, 132; — la *Pêche.* IV, 346-347, pl.; — le *Petit dénicheur de merles.* IV. 406. fig.; — la *Petite laitière.* IV, 348; — les *Sciences.* V, 133; — le *Sommeil de Renaud,* III. 328-329, pl.; — *Tête de jeune fille.* IV, 345; — *Vénus et Vulcain et Enfants* pour accompagner cette pièce, IV. 190. 191, 193. 194, 208-209, pl.. 294-295, pl.; — *Vertumne et Pomone.* IV. 276-277. pl.; V. 54-55. pl.

BOUCHER (Henri). Tap. de la manufacture de Raphaël de La Planche, et son fils Martin, apprenti, I, 21, n.

BOUCHERAT (Pierre). Reçoit en 1686 une *Chancellerie.* II, 421; III, 133.

BOUCHERON. Collection : *Les Mois Grotesques.* III. 80.

BOUILLIARD, grav. *Borée et Orythie.* d'après Vincent. V, 260, fig.

BOULANGER (Jean), apprenti à la manufacture de Raphaël de La Planche, I, 21, n.

BOULANGER (Louis), p. Modèle de *Coustou*, V, 120.

BOULLOGNE (Bon), p. Carton du *Festin de Psyché* (partie gauche), II, 246, 248; — Bordure des *Sujets de la fable*, II, 247, 248, 269, 271.

BOULLOGNE (Louis de), p. Modèles du *Centenier demande au Christ de sauver son serviteur*, V, 319; — des *Métamorphoses*, III, 121, 123-125; — *Mois Lucas*, II, 351; — *Portières des Dieux*, III, 2, 3; — *Renaud et Armide*, III, 124-125, pl. — Cartons de l'*École d'Athènes*, *Héliodore*, II, 201; — *Hymen de l'Amour et de Psyché*, II, 268, 269; — *Incendie du bourg de Rome*, II, 201.

BOULOGNE-SUR-MER. Musée : *Psyché abandonnée par l'Amour*, tabl. de Coypel, IV, 146.

BOURBON (Louis-Alexandre-Antoine de), comte de Toulouse. Possédait une tenture des *Chasses de Maximilien*, II, 305, 318, 319; — et deux pièces des *Mois Lucas*, à ses armes, II, 365, 366.

BOURBON (Louis-Jean-Marie de), duc DE PENTHIÈVRE. Possède quatre pièces de *Don Quichotte*, III, 235; — l'*Histoire d'Artémise*, I, 205; — un jeune élève, une petite fille jouant avec un chat, IV, 341, 342; — prête à Neilson les tabl. d'*Aminte et Sylvie* par Boucher, IV, 233, 239, 240, VI, 10.

BOURBON-CONTI (Marie-Anne de). Possède les *Chasses de Maximilien*, II, 305, 315, 316; — des *Enfants jardiniers*, II, 95; — des *Mois Arabesques*, II, 333; — des *Mois Lucas*, II, 344, 349.

BOURBONS (Les). Leurs portraits en tapis., V, 396-416.

BOURDARIAT. Collection : Quatre pièces des *Métamorphoses*, III, 131, 132.

BOURDON (Sebastien), p. *Décollation de saint Protais*, I, 269, 272-273, pl.

BOURET, directeur des Postes. Reçoit en 1769 et en 1775 plusieurs pièces *des Indes*, II, 386; — achète *Vénus*, des *Portières des Dieux*, III, 31.

BOURET DE VILLAUMONT. Reçoit en 1769 une tenture *des Nouvelles Indes*, IV, 60, 61, 63; — fait exécuter le meuble des *Quatre Parties du Monde*, IV, 381.

BOURGEOIS (Léon-Pierre-Urbain), p. Modèle de l'*Innocence*, V, 339.

Bourgeois (Les) de Calais, tap. d'après Berthelemy, IV, 370; — copie du XIXᵉ siècle, V, 80-82.

BOURGES. Cathédrale : *Saint Pierre et saint Jean guérissant le boiteux*, et la *Mort d'Ananias* (reprises du XIXᵉ siècle), V, 13, 14.

BOURGUIGNON, p. Cartons de l'*Hiver*, d'après Mignard, II, 400.

BOURSAULT, créancier de la République. Reçoit en 1798 deux pièces des *Amours des Dieux*, IV, 219.

BOUTART. Achète diverses tapisseries de la manufacture de R. de La Planche, I, 24, 65.

BOUTET DE MONVEL (Maurice), p. Modèle de *Jeunes hommes*, V, 312.

BOUVERREAU, tapissier de l'atelier Cozette, IV, 211.

BOYEN (Michel), peintre d'architecture aux Gobelins, III, VIII.

BOYVIN (Marin), tap. de l'atelier de Cadillac, I, 259.

BRADFORD (Comte de). Conserve dans son château de Weston Park les tapisseries acquises par Bridgeman, IV, 271.

BRAGELONNE. Achète des tapisseries de la manufacture de R. de La Planche, I, 24, 65.

BRANCAS (Émile de), chef de pièce. *Alentour d'Iphigénie*, V, 186; — l'*Automne et l'Hiver*, V, 141; — *Galerie d'Apollon*, V, 117, 123; — *Histoire de Jeanne d'Arc*, V, 199; — la *Justice*, l'*Éloquence*, V, 193; — les *Muses*, 150; — la *Pharmacie*, V, 180; — *Prométhée et les Océanides*, V, 205; — *Salon Louis XIV*, V, 111; — *Tapisseries copiés*, V, 91; — *Tentures de Boucher*, V, 61.

BRANDEBOURG (Frédéric-Guillaume, Grand-Électeur de). Reçoit une *Histoire de Psyché*, I, 290; — une tenture des *Mois*, II, 152, 154.

BRAQUENIÉ. Collection : Deux pièces de l'*Enlèvement des Sabines*, I, 294; — une pièce de l'*Histoire de Diane*, I, 239; — quatre pièces des *Indes*, II, 394; — douze tableaux copiés sur les *Mois Grotesques*, III, 80.

BREADALBANE (Mᵐᵉ de), possédait trois portières d'après les alentours de *Don Quichotte*, VI, 9.

BRENET (Nicolas-Guy), p. Modèle de la *Mort de Duguesclin*, IV, 368; 369. — Carton de *La Descente du Christ au tombeau*, d'après le Caravage, V, 327.

BREST. Musée : *Jason engage sa foi à Médée*, tabl. de de Troy, IV, 103.

BRETEUIL (Baron de). Reçoit une tenture de l'*Histoire de Don Quichotte*, III, 267, 270-274; — une de *Jason*, IV, 123; — et quatre pièces des *Portières des Dieux*, III, 47.

BRIDGEMAN (Chevalier). Fait faire une décoration de salon pour son château de Weston Park (1766-1771) : tentures de Fr. Boucher et M. Jacques, IV, 271, 272.

BRIMARD (Pierre), tap. à la manufacture de Comans et de La Planche, et son fils Robert, apprenti (1626), I, 13.

BAIOT (I.), grav. *Apollon tuant Coronis*, I, 357.

BRISACIER. Achète diverses tapisseries de la manufacture de R. de La Planche, I, 23, 24, 68.

Briséis enlevée par Agamemnon, d'après J.-M. Vien, V, 269.

BRISSET (Pierre-Nicolas), p. Modèles de *Philippe Auguste*, Sarazin, V, 117, 121.

BRITOMARTIS. Figure dans l'*Histoire de Diane*, I, 233.

BROSSELIN. Collection : *Scènes mythologiques*, I, 349.

BRÜHL (Comte de). Reçoit en 1746 les *Mois Lucas*, II, 358.

BRÛLEFERT, tap. *Cérès*, V, 89.

BRUNO (Saint). *Vie de saint Bruno*, d'après E. Le Sueur, V, 321-324.

Bruno (Saint) apparaît en songe au comte Roger, — arrivant à la Chartreuse, — en prières, — prend l'habit monastique, — reçoit un message du pape, — rencontré par le comte Roger, d'après Le Sueur, V, 321-323.

BRUNSWICK (Duc de). Reçoit en 1726 plusieurs pièces de l'*Histoire du Roi*, II, 112.

BRUXELLES. Une partie de la ville représentée sur *la Chasse au faucon*, d'après B. van Orley, II, 302. — Fabrique de B. : *Les Actes des Apôtres*, d'après Raphaël, I, 279 ; — *les Bacchanales*, d'après J. Romain, I, 295 ; — *les Chasses de Maximilien*, d'après B. van Orley, II, 299 ; — *Don Quichotte*, III, 279 ; — *les Fruits de la guerre*, d'après J. Romain, II, 279 ; — *Histoire de Constantin*, d'après Rubens, I, 245 ; — *Histoire de Scipion*, d'après J. Romain, II, 290 ; — *les Mois Arabesques*, II, 323 ; — *les Mois Lucas*, II, 337 ; — *les Triomphes des Dieux*, d'après N. Coypel, II. 321.

BUCCLEUCH (Comte de). Collection : *Gombaut et Macée*, I, 224.

BUDAPESTH. Château de la Hoffburg : quatre pièces des *Portières des Dieux*, III. 53.

BUFFET (Pierre), chef de pièce. *Colbert*, V, 427 ; — *L'Étude surprise par la Nuit*, V, 334 ; — *Galerie d'Apollon*, V. 120, 126 ; — *Le Brun*, V, 428 ; — *Louis-Philippe*, V, 419, 420 ; — *Monsieur, comte d'Artois*, V. 408 ; — *Psyché dans l'Olympe*, V, 24 ; — *Salon Louis XIV*, V, 111.

Buisson ardent (Le), d'après Le Brun, II, 36.

BULLANT (Jean), architecte. Son portr. d'après Jobbé-Duval, V, 123.

BURSON (Lord). Collection : *Jason*, IV. 124.

But (Le), d'après Boucher, V, 131.

C

CACHENEMIS (François), p., auteur de cartons pour l'atelier de Fontainebleau, I, 90.

CADILLAC. Château. Atelier fondé par le duc d'Épernon et dirigé par Cl. de La Pierre, I, 14, 15, qui y exécuta l'*Histoire d'Henri III*, I, 257, 259, 1 fig., 1 pl.

CAEN. Musée : le *Lavement des pieds*, d'après Restout, III, 104.

Café (Le), d'après Mazerolle, V, 154.

CAFFIÉRI, sculpteur, exécute un cadre pour l'*Histoire du Roi*, II, 113.

CALAIS. Atelier de tapisserie au XVIIe siècle, succursale des Gobelins, I, 14, 36, 52; VI, 1.

CALCHAS. Figure sur la *Colère d'Achille*, d'après A. Coypel, III, 295.

CALLET (Antoine-François). p. Modèles du portr. en pied de Louis XVI, V, 396 ; — des *Quatre Saisons*, IV, 362-365, 2 pl.; — de *Vénus blessée par Diomède*, V, 277, 278.

CALLIOPE, d'après Le Brun, II, 39.

CAMBACÉRÈS. Reçoit en 1808 une pièce de l'*Histoire de Jason*, IV, 115 ; — le portrait de *Napoléon Ier*, V, 377 ; — et cinq pièces des *Scènes d'Opéra*, IV. 160, 161.

CAMBRAI. Cathédrale : deux *Chasubles*, V, 369 ; — un *Devant d'autel*, V, 370 ; — *Saint Bruno prend l'habit monastique*, V, 324. — Musée : modèle par A. Coypel de *Esther et Assuérus*, III, 86.

CAMONDO (Isaac de). Collection : *Un jeune élève*, d'après Drouais, IV, 342.

CAMPO-FLORIDO (Louis-Riggio-Saladino-Branciforti-Colonna, prince de), ambassadeur d'Espagne. Reçoit en 1745 une tenture de *Don Quichotte*, III, 197, 198.

CAMUS DE PONTCARRÉ, donateur d'une pièce de la tenture de Saint-Merri, VI, 1.

CANAPÉ. De la tenture des *Arabesques*, IV, 382-383, pl. — Époque Régence, IV, 380, 381, pl.

Canards et Vautour, d'après Fr. Desportes, V, 343.

Chandenier (Jacques), apprenti à la manufacture de Raphaël de La Planche, I, 21, n.

Chantilly, Château, salle du Jeu de Paume : *Briséis enlevée par Agamemnon*, V, 269.

Chapeau-Rouge, négociant à Hambourg. Reçoit en payement une pièce du *Nouveau Testament*, III, 118; — et dix des *Portières des Dieux*, III, 47, 56; — achète deux pièces des *Amours des Dieux*, IV, 217; — le *Costume turc*, IV, 334; — l'*Histoire d'Esther*, IV, 34; — *Jason*, IV, 128; — le *Sommeil de Renaud*, III, 340. — Le roi Georges IV fait racheter en 1834 ses tapisseries, IV, 34.

Char (Le) de la Chaise d'or, I, 149, fig.; — *de triomphe*, II, 8-9 pl., 16-22, 280, 285; — *de trophées* II, 16-22; — *des éléphants*, I, 144, fig.; — *des licornes*, I, 147, fig.; — *des lions*, I, 143, fig.; *des rhinocéros*, I, 145, fig.; — *du Temps*, I, 146; — *traîné par des chiens*, I, 374.

Chardin (Jean-Baptiste-Siméon), p. Modèles de *Musique guerrière* et *Musique champêtre*, V, 337.

Charité (La), d'après J. Blanc, V, 192; — d'après A. del Sarto, V, 331.

Charles X en buste, en costume de cérémonie, d'après Gérard, V, 408-410.

Charles XI, roi de Suède. *Les batailles de Ch.*, VI, 7, 8.

Charles le Napolitain, p. Auteur de modèles pour l'*Histoire de Constantin*, exécutée dans les ateliers du C.ᵈ Barberini, I, 254.

Charles et Ubald à la fontaine du rire, d'après S. Vouet, I, 320, 326-327, pl.

Chabost (Duc de). Reçoit en 1730 une tenture des *Chasses de Maximilien*, II, 314, 315.

Charpentier. Devises en vers pour les pl. des *Éléments*, par S. Le Clerc, II, 53.

Charpentier, secrétaire de Richelieu, I, 264, 267.

Charpentier (Aubin), tap. à la manufacture de Comans et de La Planche, (1623), I, 13.

Charpentier (Michel), bourgeois de Paris. Achète l'ancien hôtel des Canaye. Ses héritiers le revendent en 1655, I, 78, 84.

Charron (André-Charlemagne), tapis. à Beauvais, IV, 213.

Chartier (Jacques), apprenti à la manufacture de Raphaël de La Planche, I, 21, n.

Chartres. Mairie : quatre pièces de la tenture des *Chasses de Maximilien*, II, 319. — Musée : *Alceste*, tabl. de Coypel, IV, 148; — *Athalie et Joas*, tabl. de Belle, d'après Coypel, IV, 148.

Chasse (La), d'après Mazerolle, V, 153; — *à la perdrix*, I, 243. 244, fig.; — *au canard*, I, 242, 345, 2 pl.; — *au cerf*, I, 181, 1 fig.; — III, 345, 347, 359, 358-359, pl.; — *au faucon*, d'après van Orley, II, 302; — *au héron*, I, 242, 243, 2 fig.; — *au sanglier*, I, 182, fig.; II, 304, 305, 306, 307, pl.; *au taureau*, d'après Snyders, V, 345; — *aux papillons*, I, 320; — *de Méléagre*, d'après Le Brun, II, 35; V, 3, 4.

Chasses (Les) de l'Empereur Maximilien, tap. de Bruxelles, d'après B. van Orley, copiées aux Gobelins, II, 299, 322 vi, 4; — *de Louis XV*, d'après J. B. Oudry, III, 345-359, 5 pl. vi. 9; — *du roi François*, d'après L. Guyot; I, 241-244.

Chasseur (Le) indien, pièce des *Indes*, III, 374; — d'après Desportes, IV, 45, 46; V, 51.

Chaste (La) Suzanne, d'après A. Coypel, III, 84.

Chastelain, inspecteur et peintre des Gob., II, 130, 195. — Modèles pour les *Métamorphoses*, III, 121, 123-125; — et les *Mois Lucas*, II, 351 — retouche le dessin original des *Mois Arabesques*, II, 324. — Cartons de l'*Automne*, du *Printemps*, II, 87, 93; — de la *Réduction de l'Isle*, II, 100.

Chasubles, d'après des modèles de Lebas, Laurent et Feuchère, V, 358-363.

Chat et Souris, dessin d'Eug. Lambert, V, 215, fig.

Chaudordt (Comte de). Possédait une pièce de l'*Ancien Testament*, I, 316.

Chauvelin, garde des sceaux. Reçoit en 1730 une *Chancellerie*, III, 139.

Chavanne, p. Modèles des *Métamorphoses*, III, 123; — copie du tabl. de la *Réduction de l'Isle*, II, 100.

Chavet (Victor-Joseph), p. Modèles de *François Iᵉʳ*, *Le Nostre*, *Romanelli*, V, 116, 118, 119.

Chélonis et Cléombrote, d'après A. C. G. Lemonnier, V, 276, 277.

Chéret (Jules), p. Modèle d'une *Étude*, V, 214.

Cheval (Le) de Pégaze, tenture de la manufacture de B. de La Planche, I, 24, 64; — *décoré par les loups*, d'après Snyders, V, 346; — *fondu*, I, 374; — *isabelle*, II, 371; — *marin*, I, 376; — *pommelé*, II, 375; IV, 44, 45; — *rayé*, II, 374; IV, 45; V, 48.

Chevalier, p. Modèle du portrait du roi, dans *Les chasses de Louis XV*, III, 356.

Chevalier. tapis. *L'Automne*, V, 213; — *François Iᵉʳ reçu chevalier par Bayard*, V, 303, 304; — *Histoire d'Henri IV*, V, 74; — *Louis XVIII en buste*, V, 404; — *Marie-Louise en buste*, V, 386; — *Minerve et Arachnée*,

Coxcie (Michel), p. Auteur des cartons de *Psyché*, I, 287.

Coypel (Antoine), p. Modèles de l'*Ancien Testament*. III, 81, 83, 86-87, pl.; — de l'*Iliade*. 293, 294, 296-297, pl. — Cartons du *Mariage d'Alexandre et de Roxane*. II, 268, 269.

Coypel (Charles), p. Modèles : *Achille court venger la mort de Patrocle*, III, 298-299, pl.; — l'*Amour endormi* (canapé), IV, 378-379, pl.: — *Athalie*. IV, 156-157, pl.; — l'*Évanouissement d'Armide*. IV, 166-167, pl.: — *Fragments d'Opéra*. III, 323-325; *Histoire de Don Quichotte*. III, 158-277, 13 pl., 1 fig.: l'*Iliade*. III, 293-295: — *Joseph reconnu par ses frères*, III, 83; — *Meubles*, IV, 378; — *Psyché*, IV, 140, fig.; — *Roland ou la noce d'Angélique*, III, 332, 333; IV, 166-167, 2 pl.; — *Scènes d'opéra, de tragédie et de comédie*, I, 139-141: — *le Sommeil de Renaud*. III, 328-329, pl.: — *Suite d'Estampes des principaux sujets des comédies de Molière*. IV, 139, fig.

Coypel (Noël), p. Modèles : *Apollon*. II, 332-333, pl.: — *Cérès*. II, 242-243, pl.: — les *Mois Arabesques*. II, 324, 330; — *portière de la Licorne*. II, 23: — draperies des *Sujets de la Fable*. II, 253; — *Triomphes des Dieux*. II, 222-237, 8 pl.

Coysevox (Antoine), sculpteur. Son portr., d'après Lecomte. V, 123.

Cozette (Michel-Henri), chef d'atelier, (1788-1794; 1801-1817). — *Assassinat de Coligny*. IV, 375: — les *Nouvelles Indes*. IV, 62; — les *Portières des Dieux*. III, 52: — *Portraits*. IV, 312; V, 376-403: — les *Quatre Saisons*. V, 65-67: — *Sujets antiques*. V, 265-273, 280-288: — *Sujets modernes*. V, 293-299: — *Tenture de Boucher*, IV, 295, 296; V, 56.

Cozette (Pierre-François), chef d'atelier (1735-1801). Chômage de son atelier. III, 206, 207:—Entente avec Audran et Neilson pour les commandes des particuliers, IV, 77, 78. — *Les Amours des Dieux*. IV, 202-218: — les *Arts*. IV, 89, 90: — les *Chambres du Vatican*, II, 213-215; — les *Chasses de Louis XV*, III, 353: — *le Costume turc*, IV, 333-336;— *Fragments d'Opéra*. III, 333, 339; — la *Galerie de Saint-Cloud*. II, 413-417; — *Histoire d'Esther*. IV, 11-34; — *Histoire d'Henri IV*. IV, 359; — *Histoire de Don Quichotte*, III, 207-274;— *Histoire de France*. IV, 372-374: — *Histoire de Jason*, IV, 110-135;— *Histoire de Marc-Antoine*. IV, 97:— *Histoire de Psyché*. II, 260, 261; — *Histoire du roi*, II, 124, 125;— *Le Lever et le Coucher du soleil*. IV, 178 — *Meubles*. IV, 393; — les *Mois Lucas*. II, 360, 361, 365; — le *Nouveau Testament*. III, 113, 116: — les *Nouvelles Indes*. IV, 49, 51; — *Portière aux armes de France*, III, 311-313: — *Portières des Dieux*, III, 4-51; — *Portraits*. IV, 308-325, 340-351; VI, 10, les *Quatre Parties du Monde*, meuble, IV, 381; — les *Quatre Saisons*. IV, 350; VI, 10; IV, 364-365. — *Scènes d'Opéra*. IV, 152, 154; — *Scènes de théâtre*. IV, 169.

Crépin (Saint) et saint Crépinien, tenture exécutée à l'atelier de la Trinité, I, 16, 103, 104-105, pl.

Créuse, *Histoire de Jason*, IV, 99-135.

Créuse consumée par la robe fatale, d'après de Troy, IV, 185.

Christiansborg (Danemark). Le château fut brûlé en 1794 avec les tapiss. qui s'y trouvaient, VI, 9.

Cronstrom (Daniel), fait exécuter à Paris la tenture des *Batailles de Charles XI*. VI, 7.

Croome Court (Château de), près de Worcester. Décoré de tentures de Boucher, IV, 265.

Crosnier. Collection : Deux pièces de l'*Histoire de Don Quichotte*, données en 1810 au prince de Hesse-Darmstadt, III, 276, 277.

Grotesques de Guise, nom donné aux *Mois Arabesques*. II, 323.

Croy (Prince de), archevêque de Rouen. Reçoit en 1830 une chasuble. V. 363.

Crozé (M. de). Collection : pièces de l'*Histoire de Psyché*. I, 291-292.

Cusco, tapis. *L'Histoire, la Morale*, V, 194: *Tapiss. coptes*. V, 91; — *La Ville de Verdun*. V. 209.

Curée (La), d'après Oudry, III, 358-359. pl.; — du cerf, d'après Oudry. III, 346-348. 351: — d'après B. Van Orley, II, 303.

Crozon (Paul-Alfred de), p. Modèle de l'*Ara rouge*, V, 165.

Cybèle. Figure dans *Décembre*, des *Mois Grotesques*, III, 78: — l'*Hiver*, de la *Galerie de Saint-Cloud*, II, 404.

Cyllénie reconnaît Lepante. grav. d'A. Bosse, d'après Cl. Vignon, I. 368.

D

Daguesseau (H.-Fr.). Reçoit, en 1721, une Chancellerie, III, 136.

Daigue, tapis. *Sujets napoléoniens*. V, 224-259; — *Vase de fleurs*. V, 352: — *Vénus blessée par Diomède*. V, 279.

Niobé, d'après Du Breuil. I, 232; — *une Orion*, du château d'Anet, I, 101-102, fig.; d'après Du Breuil, I, 232.

DIDON. *Histoire de Didon et d'Énée*, I, 22, 61.

Didon et Énée, d'après C. Hirault, III, 297; — projet par Restout, IV, 328, 329; — *montre à Énée les bâtiments de Carthage*, tabl. de Restout, IV, 84, 86.

DIÉTERLE (Jules), p. *Sujets du Grand Salon*, à l'Élysée, V, 134, 135, 139; — Bordures pour *l'Amour sacré et l'Amour profane*, V, 335; — *le But*, V, 131; — *la Madone de saint Jérôme*, V, 332, — *la Musique*, V, 132; — *les Saisons*, V, 140-141, pl.; — *les Sciences*, V, 133; — *le Toucher*, V, 142-143, pl.

Dieu le Père, tap. de Bruxelles, II, 44, 48.

DIEU, p. aux Gobelins, *La Naissance de M. le duc de Bourgogne, le Mariage de M. le duc de Bourgogne*, tabl., II, 101.

DIEUX (Les). Figurent dans les *Amours des D.*, les *Portières des D.*; les *Triomphes des D.*

Digitales (Les), d'après Alex. Desgoffe, V, 166.

DIJON. Musée : *l'Assassinat de Coligny*, tabl. de Suvée, IV, 372; — *la Colère d'Achille*, tabl. de Coypel, III, 295; — *la Conversion de saint Paul*, tabl. de Franque, V, 318.

Dîner (Le) du Général, d'après J. Romain; II, 279, 284.

Diseuse (La) de bonne aventure, d'après Boucher, IV, 232, 238-239, pl., 346; — reprise au XIVe siècle, V, 59.

Dispute (La) d'Achille et d'Agamemnon d'après Coypel, III, 296-297, pl.

Divertissements (Les) des Dieux, tap. de Bruxelles d'après J. Romain, II, 222; — du Roy, pièce des *Festons et Rinceaux*, II, 41.

DOISTAU. Collection : *Portraits de Louis XV et Marie Leczinska* en tap., IV, 314; — *Tête de Jeune Fille*, d'après Boucher, IV, 345.

DÔLE. Musée : *Bajazet*, tabl. de Belle, IV, 147; — *La Réduction de D.*, d'après Le Brun, II, 100, 101, 110.

Doloride (La), d'après C. Coypel, III, 189.

DOMINIQUIN (Le), p. Modèle de *Une Sibylle*, IV, 350.

DON QUICHOTTE. *Histoire de D. Q.*, d'après Charles Coypel, III, 157-289, 16 pl., 1 fig.

Don Quichotte, médaillon par Lovinfosse, III, 272-273, pl., — *attaché aux barreaux de la fenêtre*, III, 167, fig. 183; — *chez les filles de l'hôtellerie*, III, 189; — *combat contre les outres*, III, 180, 192; —

et les filles de l'hôtellerie, III, 276-277, pl.; — *est servi par les demoiselles de la Duchesse*, III, 187, 204; *fait chevalier par l'hôte de l'hostellerie*, III, 180; — *fait demander par Sancho à la Duchesse la permission de la voir*, III, 181, 192; — *guéri de sa folie par la Sagesse*, III, 184, 268-269, pl.; — *perce des outres de vin et rencontre la Duchesse*, III, 180-181, pl.; — *sortant de chez lui pour se faire chevalier errant*, III, 180, 192.

DOMENY (Michel), grav. d'après S. Vouet : *Bacchus et Ariane*, I, 339, fig.; — *Diane*, I, 346, fig.; — *les Filles de Loth*, I, 308, fig.; — *Hercule et Omphale*, I, 340, fig.; — *Mars et Vénus*, I, 337, fig.; — *Motifs décoratifs*, I, fig.; 303, fig.; — *la Toilette de Vénus*, I, 342, fig.; — *Vénus et Adonis*, I, 338, fig.

DOROTHÉE, d'après C. Coypel, III, 189, 203.

DOUAI. *La réduction de D.*, d'après Le Brun, II, 100, 101, 109.

DOUART (Jacques), apprenti à la manufacture de Comans et de La Planche (1626), I, 13.

DOUBLE (Vente). Une pièce des *Chasses de Maximilien*, II, 316; — et une de l'*Histoire de Don Quichotte*, III, 278, 279.

DOUCET (Lucien), p. Modèle de *Iphigénie*, V, 183.

DOUDEAUVILLE (Duc de). Collection : Trois pièces de l'*Histoire d'Esther*, IV, 37; — deux de *Jason*, IV, 132; — trois des *Mois Grotesques*, III, 80; — et quatre des *Portières des Dieux*, III, 58.

Douze (Les) Mois, tap. de Bruxelles, brûlée en 1797, II, 42; — avec *grotesques et paysages*, nom donné aux *Mois Arabesques*, II, 323; — *Grotesques*, d'après C. Audran, III, 73-80: V, 32-34; — originaux, tap. de Bruxelles qui servit de modèle aux *Mois Lucas*, II, 337, 338.

DOYEN (Gabriel-François), p. *Combat de Mars et de Diomède*, V, 285, 288-289, pl.

DRABAT, p. Restaure plusieurs modèles des *Sujets de la Fable*, II, 261.

Dragon, f. sim. d'un dessin de Parrocel, III, 322.

DRESDE. Palais Royal : deux pièces de l'*Ancien Testament*, III, 97; — trois de l'*Histoire d'Esther*, IV, 35; — onze des *Mois Lucas*, II, 359; — Cabinet de la reine de Pologne : *Scènes d'Opéra*, d'après Coypel, IV, 139, 152; — *Tenture de D.*, IV, 151.

DREYFUS (Vve). Vente. *L'Alliance avec les Suisses* y est achetée pour le Musée de Zurich, II, 122.

DREYFUS DE GONZALÈS (Vente). Trois pièces des *Portières des Dieux*, III, 51, 59.

DRIART (Jean), tap. à l'atelier de Raphaël de La Planche et son fils, Claude, apprenti, I. 21, n.

DROTTNINGHOLM (Suède). Château, renfermant en 1695 les tabl. de Lemke qui ont servi de modèles aux *Batailles de Charles XI*, VI, 7.

DROUAIS (F. H.). p. *Un jeune Élève; — Une petite fille jouant avec un chat*, tabl., IV, 342-343, pl., VI. 10. — *Marie-Antoinette, Dauphine*, IV, 318-319, pl.

DU BARRY (Comtesse). Coll. : quatrième tenture des *Amours des Dieux*, IV, 208, 211.

DUBOIS (Ambroise), p., auteur des modèles de *Théagène et Chariclée*, 1, 22, 363, fig., 364.

DUBOIS, tap. de l'atelier Cozette, en chômage, III, 207.

DUBOIS, p. Modèles de *Chaises à petits bouquets*, V, 430, 431, — des *grandes Armes de l'Empire français*, des *grandes Armes d'Italie*; du *Génie de l'Agriculture*; du *Génie des Arts*, d'une *Renommée*, d'une *Victoire*, V. 432.

DUBOIS, p. Entre fenêtres du *Feu* et des *Saisons*, II, 51, 52, 70.

DUBOIT (Maurice), tap. à la Trinité, I, 104; — concessionnaire de l'atelier du Louvre, I, 17, 35, 288, — exécute une *Nativité*, I, 17; — et une *Vie du Christ*, I, 105.

DUBOUT (Pierre), fils de Maurice, logé au Louvre, I, 57.

DUBREUIL (Toussaint), auteur présumé de *l'Histoire de Diane*, I, 7, 231.

Duc (Le) d'Anjou déclaré roi d'Espagne, d'après Gérard. V, 306-307, pl.

DUCASTAIX, p. Carton de *la Vierge au poisson*, d'après Raphaël, V, 326.

DU COING (Jacques), apprenti à la manufacture de Comans et de La Planche. (1626), I. 13.

DUCREUX (J.), p., fait partie du Jury des Arts qui examine les tap. des Gobelins le 10 septembre 1794, II, 247; — *portraits de Joseph II et de Marie-Thérèse*, IV, 322-323, pl.

DUGUESCLIN. *La mort de D.*, d'après N. G. Brenet, V, 78, 79.

DUHAMEL, p., Bordures des *Éléments*, II, 51.

DU LAURENT, conseiller au Parlement et amateur de tapisseries, I, 23, 24, 64.

DULIN, p. Cartons du *Roy aux Invalides qui donne pension aux soldats estropiés*, II. 101, 104.

DUMÉE, peintre de pastorales, auteur de l'*Histoire du Pastor Fido*, I, 11, 226.

DUMESNIL, p. *Le Roy donne audience à l'Ambassadeur de Perse*, II, 101.

DU METZ, intendant des meubles de la Couronne, II, 2.

DUNKERQUE. *La réduction de D.*, d'après Le Brun, II, 100, 101, 107.

DUPÉRAC (Étienne), architecte. Son portrait, d'après Larivière, V, 121.

DUPIN. Son portrait pour l'*Histoire du Roi*, II, 102.

DUPLESSIS, p. Portr. de Marie-Antoinette et de Louis XVI, IV, 322.

DUPUY (Mme Charles). Reçoit en 1893 une reproduction de tapis. coptes, V, 91.

DUHAMEAU, p. Modèle de la *Continence de Bayard*, IV, 369.

DURAND (Ch.). p. Cartons de *Séléné*, d'après J. Machard, V, 294; — Alentour, attributs et bordures pour : *l'Eau*, V, 63; — les *Éléments*, V, 5; — *l'Étude*, V, 338; — les *Musiques*, V, 338; — *Pénélope*, V, 156; — *le Sommeil de Jésus*, V, 333.

DURAND (Charles), chef de pièce. Galerie d'Apollon, V, 123; — *Le Brun*, V, 428.

DUREN (Albert), p. L'Inventaire du Mobilier de la Couronne lui attribue les *Chasses de l'Empereur Maximilien*, de B. van Orley, II, 300.

DUROCHER (Joseph), apprenti à la manufacture de Raphaël de La Planche, I. 21, n.

DURUY (Alexandre), tapis. *La Duchesse de Berry*, V, 416; — Galerie d'Apollon, V, 124; *Histoire d'Henri IV*. V. 78; — *Le Brun*, V, 428; — *Marie-Louise en buste*, V, 386; — *Napoléon III en buste*, V 422; — *Vierge au poisson*, V, 326.

DURUY (Camille), chef de pièce. *Chambre de Mazarin*, V, 170, 171; — Galerie d'Apollon, V, 121; — *Tornatura*, V, 157.

DURUY (Charles), chef d'atelier (1823-1850). *Actes des Apôtres*, V, 13-15; — *Bannières*, V, 367-370; — *Bataille de Tolosa*, V, 301; — *Le Centenier demande au Christ de sauver son serviteur*, V, 320; — *Chasubles*, V, 359, 362, 363; — *Chien blanc en arrêt*, V, 342; — *Combat de Mars et de Diomède*, V, 286; — *Le Duc d'Angoulême*, V, 412; — *Fables de La Fontaine*, V, 341; — *Fête au dieu Pan*, V, 29; — *Fête à Flore*, V, 30; — *François Ier fait chevalier par Bayard*, V, 303; — *Gibier et fruits*, V, 349; — *Histoire d'Alexandre*, V, 9; — *Histoire de Marie de Médicis*, V, 309-313; — *Les Honneurs de la sépulture rendus à Phocion*, V, 293; — *Jeanne d'Arc sur les remparts *d'Orléans*, V, 441; — *Jupiter consolant l'Amour*, V, 25; — *Louis-Philippe*, V, 417, 430; — *Massacre des Mamelucks*, V, 315, — *Mignonne et Sylvie*, V, 342; — *Monsieur, comte d'Artois*, V, 407; *Mort de Méléagre*, V, 4; — *Napoléon Ier*, V, 376; — *Pierre le Grand*, V, 300; — *Les Quatre Saisons*, V, 115; — *Sainte Bathilde*, V, 113; — *Sainte Clotilde*, V, 441; — *Saint Denis*, V, 114; — *Sainte Geneviève*, V, 114; — *Saint Germain*, V, 114; — *Salle du Trône*, 98-100; — *Salon Louis XIV*, V, 106, 107; — *La Vérité*, V, 103.

Duruy (Denis), tapis. *Sujets napoléoniens*, V, 224-259.

Duruy fils, tapis. *Buste en marbre de Napoléon Ier*, V, 394; — *L'Impératrice Joséphine en buste*, V, 382. — *Sujets napoléoniens*, V, 224-259.

Duseigneur, de Lyon. Collection: *L'Histoire de Psyché*, I, 292.

Duvau (Jules). Possède trois pièces d'*Aminte et Sylvie* et *Apollon tuant Coronis*, I, 357.

Duveen, de Londres. Collection : *Triomphe d'Amphitrite*, IV, 221.

Duvivier, directeur de la Savonnerie, fait partie du Jury des Arts qui examine les tap. des Gobelins le 10 septembre 1794, II, 247.

E

Eau (L'), d'après Boucher, V, 63; — d'après Jacques, IV, 304; — d'après Le Brun, II, 51, 52-53, pl. 54, 56.

École (L') d'*Athènes*, d'après Raphaël, II, 200-202.

Écran, d'après M. Jacques, IV, 404-405, pl.

Edelinck, grav. *La Famille de Darius aux pieds d'Alexandre*, d'après Le Brun, II, 166, fig.

Effendi (Mehemet), ambassadeur turc à Paris en 1721. Sujet de la tap. l'*Ambassade turc*, III, 315.

Effiat (Abbé d'), à la mort de Cinq-Mars, achète sa tenture des *Chasses du roi François*, I, 241

Ehrmann (François-Émile), p. Modèles de la tenture de la *Chambre de Mazarin*, V, 169-175, pl.; — du *Vainqueur*, V, 296, 297.

Eisen, p. Modèles du meuble *Les Quatre parties du monde*, IV, 383.

Éléments (Les), d'après Le Brun, II, 51-66; V, 4, 6; — dans la tenture des *Rinceaux*, I, 376; — nom donné à quatre tabl. de Boucher, IV, 263; — *portière des E.*, III, 1.

Éléphant (L'), ou le *Cheval isabelle*, de la tenture *Les Indes*, II, 374, 388-389, pl.; — d'après F. Desportes, IV, 46, 64-65 pl.; V, 52.

Élévation du monument, dessin de l'*Histoire d'Artémise*, I, 187, fig.

Élie enlevé sur un char de feu, d'après S. Vouet, I, 18, 310, fig.; 310-311, pl. 311, 315, 318 fig.

Élisabeth (Sainte) de *Hongrie*, d'après un modèle du xve siècle, V, 87.

Élisabeth, impératrice d'Autriche. Reçoit l'*Eau*, d'après Boucher, V, 63.

Élisabeth Alexiewna, impératrice de Russie. Modèle de son portrait, V, 396-397, pl.

Éloquence (L'), au Palais de Justice de Rennes, V, 193.

Élymas frappé de cécité, de la tenture des *Actes des Apôtres*, I, 280, 281; II, 49.

Émilie et Camille relèvent Mélinte et Palamède, grav. d'A. Bosse pour l'*Histoire d'Ariane*, I, 368; veut tuer Mélinte, du même, I, 369, 370.

Émin-es-Sultan, grand vizir du Schah. Reçoit en 1895 une *Nouvelle portière de Diane*, V, 37.

Empereur (L') donne ses ordres le matin d'Austerlitz, d'après Carle Vernet, V, 234, 235. — recevant la reine de Prusse, d'après R. T. Berthon, V, 247, 248; — reçoit Mirza député vers lui par le Sophi, d'après F. H. Mulard, V, 249, 250.

Énée au milieu des ruines de Troie, d'après J. B. Suvée, V, 484.

Enfant, médaillon, par Baudry et Chabal-Dussurgey, V, 216, fig.; — de Boucher, IV, 288-289, pl.

Enfants, pour accompagner les *Amours des Dieux*, IV, 194, 195, 196-197, pl.; à cheval, de l'*Histoire d'Artémise*, I, 141, fig.; — *Jardiniers*, d'après Le Brun, II, 84-97, pl.; V, 7.

Enlèvement d'Europe, I, 349; — d'après Pierre, IV, 193; — d'*Hélène*, d'après Raphaël, II, 268-270, 276-277, pl.; — d'*Orithye par Borée*, d'après F. A. Vincent, V, 282; — de *Proserpine*, I, 335, fig., 336; d'après Vien, IV, 193, 212-213, pl.; V, 44; — des *Sabines*, I, 293, 294-295, pl.

Entrée (L') à *Jérusalem*, dessin pour *La Vie de Notre Seigneur*, I, 106; — *dans Rome*, I, 248; — de bergères aux noces de Gamache, d'après C. Coypel.

F

Foucy, intendant des Bâtiments du Roi, chargé de la Manufacture royale, I, 31.

Fouret. Collection : trois pièces des *Métamorphoses*, III, 131, 132.

Fragments d'Opéras, d'après C. Coypel, III, 323, 344; — V, 38, 39.

Fragonard (Alexandre-Évariste), p. Modèle de *François Ier reçu chevalier par Bayard*, V, 303, 304; — Meubles à fonds de soie bleu et gris bleu, V, 438, 439.

Fragonard (Honoré), p. Modèles de *l'Étude*, V, 338; — le *Grand Prêtre Corésus se sacrifie pour sauver Callirhoé*, tabl. non exécuté en tap., IV, 198.

Français (François-Louis), p. Modèle de *Daphnis et Chloé*, V, 210.

Francart, p. d'ornements, travaille aux *Mois*, II, 128.

France (La), d'après J.-E. Lenepveu, V, 175; — portière de la Salle du Trône, aux Tuileries, V, 101. Voir : *Histoire de France*.

Franchart (Les rochers de), d'après Oudry, III, 354-355, pl.

François Ier. Son goût pour les tapisseries, I, 89; — *Chasses du roi François*, I, 241-244, pl. et fig. — Décoration de la Galerie de François Ier, à Fontainebleau, I, 94-97.

François Ier, d'après Chavet, V, 116; — *en empereur romain*, I, 94-95, pl., 97; — *et Charles-Quint visitant Saint-Denis*, d'après Gros, V, 304, 305; — reçu chevalier par Bayard, d'après A.-É. Fragonard, V, 303, 304; — refuse l'offre que lui font les Gantois de se soumettre à son autorité, d'après G. Rouget, V, 99; — se confie aux Rochelois, du même, V, 99.

François Ier, empereur d'Autriche. Reçoit en 1815 le modèle et la tapis. du portr. de *Marie-Louise*, V, 387.

François Ier, roi de Naples. Reçoit en 1830 *Henri IV rencontre Sully blessé*, V, 75; — et le portr. de *Monsieur, comte d'Artois*, V, 408.

François III, duc de Lorraine. Reçoit en 1730 une tenture des *Sujets de la Fable*, d'après Raphaël, II, 276, 277; VI, 2.

François d'Assise (Don). Collection : *Histoire de Don Quichotte*, III, 237, 249, 250; — *les Métamorphoses*, III, 131, 132; — *le Pastor Fido*, I, 227. — Voir : Épinay (Château d').

François-Joseph, empereur d'Autriche. Reçoit en 1868 un portr. de *Marie-Antoinette*, V, 400.

Franque (Jean-Pierre), p. Modèle de *La Conversion de saint Paul*, V, 317.

Frédéric Ier, roi de Würtemberg. Reçoit en 1807 *Chélonis et Cléombrote, Arria et Pœtus*, V, 277.

Frédéric-Auguste III, roi de Saxe. Reçoit de Napoléon le *Combat des Romains et des Sabins*, V, 280; — *Énée au milieu des ruines de Troie*, V, 284; — trois pièces de *l'Histoire d'Esther*, IV, 35; — *Napoléon Ier en buste*, V, 378. — Voir : Saxe-Teschen (Duc de).

Frédéric-Guillaume Ier, roi de Prusse. Reçoit en 1736 sept pièces du *Nouveau Testament*, III, 108; — quatre pièces des *Portières des Dieux*, III, 22, 23.

Frédéric-Guillaume III, roi de Prusse. Reçoit en 1825 le portr. de *Louis XVIII en buste*, et celui de *Monsieur, comte d'Artois*, V, 403, 406.

Froennes (Paul), tap. de la manufacture de Conans et de La Planche, I, 7, 12, 13, 40, 46, 47.

Froment (Eugène), p. Modèles pour la décoration de la Salle à manger, à l'Élysée, V, 128.

Fructus Belli, tap. de Bruxelles, qui servit de modèle pour les *Fruits de la Guerre*, II, 279, 280.

Fruits (Les), d'après Mazerolle, V, 152; — *et Gibier*, d'après Desportes, V, 348, 349; — *de la Guerre*, d'après J. Romain, II, 279-289, 4 pl.

Fuentes (Comte de). Figure dans *l'Audience de l'Ambassadeur d'Espagne*, II, 110.

Fuite (La) en Égypte, d'après Ph. de Champaigne, I, 265, 266-267, pl.; — d'après l'école de S. Vouet, I, 354.

Funérailles d'Elpénor, de la tenture les *Travaux d'Ulysse*, I, 331.

Fuzy, tapis. *Sujets napoléoniens*, V, 224-259.

G

Gabourg (Jean), tap., chargé de la manufacture de Tours, I, 14, 50.

Gaboury. Achète diverses tap. de la manufacture de R. de La Planche, I, 67.

Gagnot, tapis. *Les Douze Mois Grotesques*, V, 32.

Gaillard, grav. *Sylvie délivrée par Aminte*, d'après Boucher, IV, 241, fig.

Gaillard (Nicolas), tap. aux ateliers de Fontainebleau, I, 91.

Galerie (La) de l'hostel royal des Gobelins où l'on fait voir grav. de S. Le Clerc, II, 167, fig.; — de *Saint-Cloud*, d'après Mignard, II, 399-418, 5 pl.; VI, 7.

GALITZIN (Prince). Possède une *Portière des Renommées*, II, 7.

GALLAND (Jacques), p. Entourage pour le portr. de *Colbert*, V, 427.

GALLAND (Pierre-Victor), p. *Le Cid* (alentours), V, 181, 185; — *la Filleule de Fées* (bordure), V, 162; — décoration du grand salon de l'Élysée, V, 142; *Henri IV*, V, 118; — *l'Impératrice Eugénie*, d'après Winterhalter, V, 423; — *Iphigénie* (alentours), V, 186; — *la Médecine*, V, 179; — *Napoléon III*, d'après Winterhalter, V, 422; — *Pénélope* (bordures), V, 157; — *la Pharmacie*, V, 180; — *la Vasque*, V, 144-145, pl.

GANIER, tapis. *Les Portières des Dieux*, V, 31.

GANIMÈDE. *L'enlèvement de G.*, représenté dans *les Mois Arabesques*, VI, 5.

GARAMANTE, figure dans les *Mois Arabesques*, VI, 6.

GARGAN (Vente). Une pièce de *l'Histoire de Diane*, I, 239.

GARNIER, p. aux Gobel. Cartons des *Mois*, II, 130.

GASNIER (Charles), arch. Modèles de compositions pour les Lambrequins de la salle de Lecture de la Bibliothèque de l'Opéra, V, 444.

GARNIER (Étienne-Barthélemy), p. Modèles de *Consternation de la famille de Priam après la mort d'Hector*, V, 291; — *Napoléon dans son cabinet topographique*, V, 235.

GASCHON (Antoine), apprenti à la Manufacture de Comans et de La Planche (1626), I, 13.

GASSIES (Jean Bruno), p. Modèle de *La dernière Communion de saint Louis*, V, 302.

GAUZY (Ulysse), chef de pièce. *Armes de France et de Bretagne*, V, 195; — *Étude*, V, 214.

GÉDÉON. *Histoire de G.*, tap. de la manufacture de Fr. de La Planche, I, 43.

Général (Le) Bonaparte fait présent d'un sabre au chef militaire d'Alexandrie, d'après F. H. Mulard, V, 255; — *pardonnant aux révoltés du Caire*, d'après P. Guérin, V, 237, 238.

Général (Le) Desaix blessé mortellement à Marengo, d'après J.-B. Regnauld, V, 226, 227.

Geneviève (Sainte), d'après Ingres, V, 113, 114; — bannière, d'après P. M. Guérin, V, 365.

Génie (Le) de l'Agriculture et du Commerce, d'après Dubois, V, 432; — *des Arts, des Sciences et des Lettres dans l'Antiquité*, d'après F. Ehrmann, V, 170-171.

pl.; — *pendant le moyen âge*, du même, V, 171; — *pendant la Renaissance*, du même, V, 172; — *des Sciences et des Arts*, d'après Dubois, V, 432; — *Génies des Arts*, d'après Boucher, IV, 195, 196, 200-201, pl.; — *des Sciences*, d'après Hallé, IV, 196.

GENOËLS (Abraham), p. Cartons de *l'Eau*, II, 52. — Entrefenêtres des *Éléments*, II, 51; — des *Saisons*, II, 70; — paysages des *Mois*, II, 128, 129.

GEOFFRIN (Mme). Avait demandé à acheter en 1766 le *Lever et le Coucher du Soleil*, d'après Boucher, IV, 184, 185.

GEORGES IV, roi d'Angleterre. Fait racheter en 1825 les tap. vendues à Chapeau-Rouge, IV, 34.

GÉRARD (François), p. *Le duc d'Anjou déclaré roi d'Espagne*, V, 305, 306-307, pl.; — portraits de *Napoléon Ier et de sa famille*, V, 374, 388; — des *Bourbons*, V, 405, 408, 415; — des *Orléans*, V, 416, 417.

Germain (Saint). Bannière d'après Gros, V, 365; — d'après Ingres, V, 113, 114.

GERSPACH (Édouard). Administrateur de la Manufacture (1885-1893), V, xi.

Gervais (Saint). *Histoire de saint Gervais et saint Protais*, tap. de l'atelier du Louvre, I, 269-274.

Gervais (Saint) et saint Protais refusent de sacrifier à Jupiter, d'après Le Sueur, I, 269, 270, fig., 271, 274, fig.

GESVRES (Mis de). Son portr. pour *l'Histoire du Roi*, II, 102.

GEUBELS (William), tap. à Bruxelles. *Les Chasses de l'Empereur Maximilien*, II, 300.

GHIRLANDAIO, p. Modèle de la *Visitation*, V, 332.

GUISLAIN, tapis. *Histoire d'Henri IV*, V, 78.

GIBIER (Léon), tapis. *La Charité*, V, 192; — *Les Muses*, V, 148.

Gibier et fruits, quatre sujets d'après Desportes, V, 348, 349.

GILBERT (Henri), chef de pièce. *Adieux de Vénus à Cérès et à Junon*, V, 24; — *Christ au tombeau*, V, 324; — Galerie d'Apollon, V, 117; — *Saint Germain*, V, 113; — *Salle du Trône*, V, 99; — *Salon Louis XIV*, V, 111; — *Transfiguration (la)*, V, 327.

GILBERT (Marie), tapis. Galerie d'Apollon, V, 120, 125.

GILLES (Jacques), tap. à la manufacture de Raphaël de La Planche, I, 21, n.

GIOVANELLI (Prince). Collection : *Les Mois Grotesques*, III, 79.

GROULT (Camille). Collection: Les *Éléments* de Jacques, IV, 304; — *Histoire de Daphné*. I, 348; — *Jupiter et Léda*. IV, 221; — meuble par Coypel. IV, 378.

GROUNICK (Diodore). tap. à la manufacture de Raphaël de La Planche. et son fils, Dirich, apprenti. I, 21, n.

GUEDREVILLE. Achète diverses tapis. de la manufacture de R. de La Planche, I, 23.

GUÉNÉGAUD. Achète diverses tapis. de la manufacture de R. de La Planche, I, 65; — son portr. pour l'*Histoire du Roi*, II, 102.

GUÉRET. Musée: *Le cheval rayé*, tabl. de Desportes, IV, 44.

GUÉRIN (Pierre-Narcisse), p. Modèles de la *Bannière de Sainte-Geneviève*, V, 365; — le *Général Bonaparte pardonnant aux révoltés du Caire*. V, 237; — *Offrande à Esculape*. V, 288; — *Phèdre et Hippolyte*, V, 289; — *Pyrrhus prenant Andromaque sous sa protection*. V, 292.

GUÉRISON (La) *du fils de la veuve de Naïm*. dessin pour la *Vie de Notre Seigneur*. I, 106; — *du paralytique*, I, 106, 107; II, 49.

GUERRE (La) *de Troye*. tap. attribuée aux ateliers de Fontainebleau, I, 92.

GUIFFARD, p. Bordures pour la *Charité*. d'après del Sarto, V, 331.

GUIFFREY (Jules). Administrateur de la manufacture, (1893), V, XI; — Notes et documents sur les origines de la Manufacture des Gobelins et sur les autres ateliers parisiens pendant la première moitié du XVII° siècle, I, 1-71.

GUIFFREY (Mme). Possède trois pièces de l'*Histoire d'Ariane*. I, 370.

GUILLAUME, membre de l'Institut. Reçoit en 1883 deux *Têtes d'enfants* en tapis., V, 26.

GUILLAUMOT (Charles-Axel), directeur et administrateur de la Manufacture (1789-1792 et 1795-1807). II, VIII; V, XI.

GUILLEMOT (Alexandre-Charles), p. Modèle de *Jésus-Christ ressuscite le fils de la veuve de Naïm*, V, 318, 319. — Cartons des *Adieux de Vénus à Cérès et à Junon*, d'après Raphaël, V, 24.

GUILLON-LETHIÈRE (Guillaume), p. Modèles des *Préliminaires de Leoben*, V, 241, 242, fig.

GUISE (Duc de). Collection: *Les Belles Chasses*, II, 299.

GÜNZBOURG. Vente de sa collection: cinq pièces de l'*Histoire de Don Quichotte*, III, 216, 227; — les *Mois Grotesques*, III, 80.

GUSTAVE III, roi de Suède. Reçoit en 1784 huit pièces de l'*Histoire de Don Quichotte*, III, 255, 256, 257; — *Roland*, III, 332; — les *Scènes de théâtre*, IV, 159,

GUYOT (Laurent), p. Plusieurs modèles de *Coriolan*, I, 213. — Cartons des *Amours de Gombaut et Macée*, d'après Leclerc, I, 221, 222; — du *Pastor Fido*, I, 11, 226.

GUYOT, le père, tap. de l'atelier de Monmerqué. Chôme, III, 205.

GUYOT DE VILLENEUVE. Collection: tabl. de Vouet représentant l'histoire de *Renaud et Armide*, I, 319.

H

HAGA (Comte de). Voir GUSTAVE III, roi de Suède.

HALLÉ (Cl. Guy), p. Cartons des *Bordures des Sujets de la Fable*. d'après Raphaël, II, 247, 268. 269, 271; — le *Doge de Gênes qui vient faire sa soumission au Roi de la part de la République*, d'après Le Brun, II, 101, 104.

HALLÉ (Noël), p. et directeur artistique des Gobelins. Modèles d'*Achille reconnu à la cour de Déidamie*, IV, 198; — la *Course d'Hippomène et d'Atalante*, pas exécuté en tap., IV, 197; — les *Génies des Sciences*. IV, 196; — *Silène barbouillé de mûres*, IV, 199, 216-217, pl. — Carton: *Héliodore*. d'après Raphaël, II, 203, 213.

HALTON (Château de). Quatre pièces de l'*Histoire d'Esther*. IV, 22.

HARLAND, chef de pièce. *Arria et Pœtus*, V, 281; — *Chelonis et Cleombrote*. V, 277; — *Gibier et fruits*, V, 349; — *Histoire d'Henri IV*, V, 73; — *Histoire de France*, V, 80; — *Napoléon Ier*. V, 376, 379; — *Salle du Trône*. V, 99; — *Sujets napoléoniens*. V, 224, 259.

HARO (Don Louis de). Figure dans l'*Entrevue des Rois de France et d'Espagne*. II, 105; — donne à Mazarin la tap. de Bruxelles: *Fructus Belli*, II, 279.

HATZFELD (Princesse de). Figure dans: la *Clémence de l'Empereur*, V, 245-247.

HAUSARD, grav. *Don Quichotte prend une paysanne pour Dulcinée*, d'après Coypel, III, 168.

HEARST (Mrs Phœbe A.). Collection: *Histoire d'Artémise*. I, 310; — *Histoire de Coriolan*, I, 218.

Hector (Les adieux d') et d'Andromaque, d'après A. Coypel, III, 296; — d'après M. J. Vien, V, 286, 287.

Heilbronner, antiquaire. Possède deux pièces de l'*Histoire d'Ariane*, I, 370.

Hélène (Sainte). Représentée dans l'*Histoire de Constantin*, I, 248, 250-251, pl.

Hélène. *L'Enlèvement d'Hélène*, d'après Verdier, II, 270; — *Hélène poursuivie par Énée*, d'après J. M. Vien, V, 270.

Héliodore chassé du temple, d'après Raphaël, II, 201, 203, 212-213, pl.; — reprise au XIXe siècle, V, 18, 19.

Hemery: Son inventaire mentionne une *Histoire de Psyché*, I, 288.

Hennegart (Catherine), femme de Fr. de La Planche, I, 37.

Henri II et Catherine de Médicis, dessin pour l'*Histoire des Rois de France*, I, 108, fig.

Henri III. *Histoire de Henry troisième*, tap. exécutée à Cadillac, I, 257-261, pl., fig.

Henri IV. Ses efforts pour introduire en France l'art de la tapisserie, I, 1, 2. — Les plus anciennes tentures de l'*Histoire d'Artémise* étaient à son chiffre, I, 200, 208; — son portr. en tap. d'après Porbus, IV, 324; — *Henri IV*, d'après Galland, V, 118; — *Histoire d'Henri IV*, IV, 354-361; V, 69-78; — *Histoire de Marie de Médicis*, V, 309-310; — *Les Adieux d'Henri IV à la Belle Gabrielle*, IV, 357; V, 77.

Henri IV confie à Marie de Médicis le gouvernement du Royaume, d'après Rubens, V, 309; — présente Crillon aux seigneurs de sa cour, d'après Rouget, V, 100; — préside l'assemblée des Notables à Rouen, du même, V, 100; — envoie des vivres à Paris pendant le siège, d'après Vincent, IV, 356-357, pl.; V, 73; — reçoit le portrait de Marie de Médicis, d'après Rubens, V, 310, — relève Sully prosterné à ses pieds, d'après Vincent, IV, 356; V, 73, 74; — rencontrant Sully blessé, du même, IV, 356, V, 73, 74; — soupant chez le meunier Michaud, du même, IV, 357; V, 76.

Henriette d'Angleterre. Possède en 1671 une tenture de *Clorinde et Tancrède*, I, 361; et une *Histoire d'Artémise*, I, 211.

Hervelt (Charles), p. Modèle d'*Énée et Didon*, III, 293-295.

Hérauts à cheval, tap. de l'*Histoire d'Artémise*, I, 163, fig.

Herbaines (Salomon et Pierre de), tap. aux ateliers de Fontainebleau, I, 91.

Herbelot (Nicolas), teinturier aux Gobelins, (1694), I, 13.

Hercule. *Les Amours des Dieux*, I, 338; — *le Triomphe d'Hercule*, II, 222. — Figure dans : *Alceste*, IV, 148; — les *Mois Arabesques*, VI, 6.

Hercule et Omphale, d'après S. Vouet, I, 340, fig.; 341, fig.

Hermanowska (Vente). Deux pièces de l'*Histoire de Don Quichotte*, de la fabrique de Beauvais, III, 279.

Herminie chez les paysans; — *relève Tancrède*, de la tenture *Clorinde et Tancrède*, I, 361, 362-363, pl.

Hernani, d'après Jacques Ferdinand Humbert, V, 184.

Héron (Le), d'après J.-J. Bellel, V, 165.

Hersent (Louis), p. Modèle de *Louis-Philippe, roi des Français, en uniforme de la Garde Nationale*, V, 418.

Hesse (Jean-Baptiste), p. Modèle de G. Pilon, V, 119.

Hesse (Nicolas-Auguste), p. Modèle de *Girardon*, V, 124.

Hesse-Darmstadt (Louis Ier, prince de). Reçoit en 1810 plusieurs pièces de l'*Histoire de Don Quichotte*, III, 216, 236, 237, 276.

Hinard, tap. franç., VI, 7.

Histoire (L'), d'après J. Blanc, V, 194.

Histoire de France, tenture de la manufacture de Fr. de La Planche, I, 42, 44, 46; — autre tenture du XVIIIe siècle, IV, 368-376.

Histoire de Henry troisième, tap. exécutée à Cadillac, I, 257-261, pl., fig.

Histoire Sainte, tenture de l'atelier du Louvre attribuée à S. Vouet, I, 18.

Hiver (L'), d'après C. Audran, II, 228, 242, 243; IV, 350; VI, 10; d'après A. Callet, IV, 362-363, pl.; — d'après Le Brun, II, 72-73, pl., 88; — d'après Mignard, II, 404.

Hochkid, chef de pièce. *Alentour du Cid*, V, 185; — *Armes de Bordeaux*, V, 198; — *Armes de France et de Bretagne*, V, 195; — *Mariage civil en 1792*, V, 197; — *le Printemps et l'Été*, V, 139; — *Tapiss. coptes*, V, 90, 91.

Hofer (Henry), p. Modèle de *Mansart*, V, 124.

Holopherne. *Histoire d'H.*, tap. de la Manufacture de Fr. de La Planche, I, 43.

Homère déifié, ou *Apothéose (L') d'Homère*, V, 295, 296.

Hommage des Dames Romaines à Junon, d'après Callet, IV, 364; — reprise au XIXe siècle, V, 67.

K

L

Laban, d'après A. Coypel, III, 86.

Labarum (Le), pièce de l'Histoire de Constantin, I, 248.

Labenski, négociant polonais. Achète en l'an vi une tenture de Jason, IV, 129; — trois pièces des Fragments d'Opéra, III, 341; — le Triomphe d'Amphitrite, IV, 218.

La Chapelle, contrôleur des bâtiments du Roi, II, 3, 17, 282.

Laclos, tap. La Galerie de Saint-Cloud, II, 406.

Lacordaire (Adrien-Léon), administrateur de la Manufacture (1850-1860), V, xi.

La Corde (Samuel), tap. aux Gobelins, et son fils, Abraham, apprenti (1626), I, 13.

La Croix (Dominique de), apprenti à l'atelier de R. de La Planche, I, 21, n.; — puis chef d'atelier des Gobelins (1693-1737), II, ix; — Bataille de Lund, VI, 8; — Chancelleries, III, 135-139; — Chasses de Maximilien, II, 300-314; — les Enfants jardiniers, II, 86-91; — la Galerie de Saint-Cloud, II, 409-414; — Histoire d'Alexandre, II, 194; — Histoire du Roi, II, 118-124; — les Mois Arabesques, II, 330-333; — les Mois Grotesques, III, 78-79; — Portière de Mars, II, 11, 12; — Portières des Dieux, III, 12, 19, 34, 35; — Portière du Char de Triomphe, II, 17-19; — les Termes, III, 62, 67, 68.

La Croix (Jean de), tap. à la Manufacture de La Planche, puis chef d'atelier des Gobelins (1662-1712). I, 7, 40, 45; II, ix; — les Chasses de Maximilien, II, 309-311; — les Éléments, II, 58-63; — les Enfants jardiniers, II, 86-91; — Festons et Rinceaux, II, 41; — les Fruits de la guerre, II, 285-289; — Histoire d'Alexandre, II, 179; — Histoire de Constantin, II, 30, 31; — Histoire de Moïse, II, 192; — Histoire de Scipion, II, 295-298; — Histoire du Roi, II, 118; — les Indes, II, 376-379; — les Mois, II, 148-155; — les Mois Lucas, II, 345, 346; — les Muses, II, 37; — Portière de Mars, II, 9-12; — Portière des Dieux, III, 12, 19; — Portière des Renommées, II, 2, 3; — Portière du Char de Triomphe, II, 16-20; — les Saisons, II, 74-81; — les Sujets de la Fable, II, 253; — les Termes, III, 62, 66; — les Triomphes des Dieux, II, 233-236; — Verdures, II, 25.

Ladey (Jean-Marc) [1734-1749], p. de fleurs aux Gobel., III, viii. — Modèles de Dessus de portes, V, 349, 350; — bordures des Fragments d'Opéra, III,

329; — alentours et ornements des Scènes d'Opéra, IV, 143.

Letitia Ramolino. Son portr. d'après Fr. Gérard, V, 383, 384; — reçoit : Méléagre entouré de sa famille suppliante, V, 272.

La Ferrière (Vicomte de). Collection : Quatre pièces de Daphnis et Chloé, d'après Jeaurat, IV, 83.

La Feuillade (Duc de). Possède les Chambres du Vatican et les Triomphes des Dieux, II, 208, 238.

Laforest fils (Louis), chef d'atelier (1828-1850). Actes des Apôtres, V, 13, 15; — Bannières, V, 365-368; — Bonne, Nonne et Ponne, V, 343; — Chasubles, V, 359, 360, 363; — Christ au tombeau, V, 324; — le Duc d'Anjou déclaré roi d'Espagne, V, 306; — l'Étude surprise par la Nuit, V, 334; — Gibier et fruits, V, 349; — Histoire d'Alexandre, V, 9; — Histoire de Marie de Médicis, V, 310-313; — l'Impératrice Joséphine, V, 381; — Louis XVIII en buste, V, 403; — Louis-Philippe, V, 419, 420; — Marie-Amélie, V, 417; — Marie-Louise en buste, V, 386; — Méléagre entouré de sa famille suppliante, V, 272; — Napoléon en buste, V, 379; — Ornements, V, 369; — Phèdre et Hippolyte, V, 289; — les Quatre Saisons, V, 115; — Salon Louis XIV, V, 104-107, 111; — Un trait de la jeunesse de Pierre le Grand, V, 314; — Vierge au poisson, V, 326.

Laforest père, chef d'atelier (1817-1827). L'Amour allumant son flambeau, V, 440; — Bannières, V, 364-369; — Bustes en marbre de Marie-Louise et d'Alexandre Ier, V, 395; — Canards et Vautour, V, 343; — Charles X, V, 408, 409; — Chélonis et Cléombrote, V, 278; — la Dernière communion de saint Louis, V, 302, 303; — la Duchesse de Berry, V, 416; — l'Enlèvement d'Orithye, V, 283; — François Ier et Charles-Quint à Saint-Denis, V, 304; — l'Impératrice Joséphine, V, 381; — Louis XVI, V, 397; — Louis XVIII en buste, V, 404; en pied, V, 402; — Marie-Antoinette et ses enfants, V, 400; — Marie-Louise en pied, V, 385; — Napoléon Ier, V, 376; — Phèdre et Hippolyte, V, 289; — Pierre le Grand, V, 300; — Pyrrhus prenant Andromaque sous sa protection, V, 292; — le Roi de Rome en buste, V, 388; — Saint Étienne prêchant l'Évangile, V, 316; — Tenture de la Salle du Trône, V, 99, 101; — Vie de saint Bruno, V, 321-324.

La Fosse (Charles de), p. Modèles des Métamorphoses, III, 121, 123, 124; — du Retour de chasse de Diane, III, 126, 127, pl.

Le Lorrain (Louis-Joseph), p. Carton du *Parnasse*, II, 213.

Lemaire. Collection : Trois pièces de *Renaud et Armide*, I, 326; — cinq pièces des *Travaux d'Ulysse*, I, 333.

Le Maire le Cadet, p. Modèles du quatrième alentour de l'*Histoire de Don Quichotte*, III, 176, 177, 219; — et des bordures des *Nouvelles Indes*, IV, 46, 47.

Le Masle (L'abbé), chantre de N.-D. de Paris. Fait exécuter par le tap. P. Damour une *Vie de la Vierge*, I, 28, 263, 264.

Le Mazurier, p. Retouche les modèles de Desportes pour les *Nouvelles Indes*, IV, 44, — copie la bordure de Jacques pour l'*Histoire d'Esther*, IV, 8.

Lemercier (Jacques), architecte. Son portrait d'après Larivière, V, 120.

Lemire, p. Cartons des *Mois*, II, 130.

Lemke, peintre suédois. Auteur des modèles des *Batailles de Charles XI*, VI, 7, 8.

Lemoine, tapis. *Sujets napoléoniens*. V, 243-259; — *Vie de saint Bruno*, V, 322.

Le Moine, de Paris, p. *Chancellerie*. II, 421.

Lemoine (Jean) dit le Lorrain, p. Cartons des Bordures des *Sujets de la Fable*. II, 268, 269, 271; — et des *Triomphes des Dieux*. II, 228.

Le Moine de Crécy, commissaire général de la Maison du Roi. Possédait dix pièces des *Mois Lucas*. II, 356.

Lemonnier (Anicet-Charles-Gabriel), p. et Administrateur de la Manufacture (1810-1815), V, xi. — *Chélonis et Cléombrote*, V, 276; — *Départ d'Ulysse et de Pénélope*, V, 287; — portrait de *Louis XVI*, V, 397; — projet de décoration pour la Salle du Trône aux Tuileries. V, 258, 259.

Lempereur, grave d'après Boucher : *L'Amour ranime Aminte*..., IV, 243, fig.; — *Sylvie fait le loup qu'elle a blessé*, IV, 244, fig.; — *Sylvie guérit Philis*.... IV, 242, fig., 243, 244.

Lenepveu (Jules-Eugène), p. Modèle de *la France*, V, 175.

Lenfant (Noël), tap. à la manufacture de R. de La Planche, à Maincy et aux Gobelins, I, 21. n.; II, 2. — — *Histoire de Constantin*. II, 30. 31; — *Portière de Mars*. II, 9; — — *Portière des Renommées*, II, 2; — *Portière du Char de Triomphe*, II, 16, 17; *Verdures des Gobelins*, II, 25.

Lenfant (Pierre), p. Modèles du cinquième alentour de *Don Quichotte*, III, 178; les *Quatre parties du monde*, meuble, IV, 383.

Le Normant de Tournehem, surintendant des bâtiments (1745-1751), II, viii.

Le Nostre (André), architecte. Son portr. d'après Chavet, V, 118.

Léon X, pape. Fait exécuter à Bruxelles la tap. des *Actes des Apôtres*, d'après Raphaël, II, 43.

Léon XII, pape. Reçoit en 1826 une Bannière de *Saint Germain*, V, 366; — un Devant d'autel, V, 370; — et *Saint Étienne prêchant l'Évangile*, V, 317.

Léon XIII, pape. Reçoit en 1902 le *Départ de Jeanne d'Arc*, et la *Mission de Jeanne d'Arc*. V, 199, 200.

Léonard de Vinci mourant, d'après Ménageot, IV, 370, fig.

Le Pelletier (Claude), tap. aux ateliers de Fontainebleau, I, 91.

Le Peultre (Les), teinturiers au faubourg Saint-Marcel; leur maison, I, 77, 78.

Lépicier, graveur. *Le Curé et Cardenio rencontrent Dorothée*, d'après Coypel, III, 168.

Le Queustre, tapissier de Mme de Pompadour, IV, 179.

Lerambert (N.). Auteur des cartons de *Coriolan*. I, 113; — de l'*Histoire d'Artémise*, I, 110, 112; — de la *Vie de Notre Seigneur Jésus-Christ*. I, 105.

Lercaro (Francesco-Maria-Imperiali), doge de Gênes. Figure dans la *Satisfaction du doge de Gênes*. II, 112.

Le Reboullet (Philippe). S'associe avec Coypel pour faire graver les tabl. de l'*Histoire de Don Quichotte*. III, 166.

Leroux (Hector), p. Cartons de l'*Amour sacré et l'Amour profane*, d'après le Titien, V, 334; — l'*Aurore*, d'après G. Reni, V, 336.

Lescalopier (Gaspard-César-Charles de). Possède en 1737 quatre pièces de l'*Histoire de Psyché*. I, 291.

Lescot (Pierre), architecte. Son portr. d'après Tissier, V, 123.

Le Sueur (Eustache), p. Son portr. d'après Biennoury. V, 126. Modèles de deux pièces de l'*Histoire de saint Gervais et saint Protais*. I, 269-274, fig.; — de la *Vie de saint Bruno*. V, 321-324; — des *Muses*. V, 129.

Le Tellier (Michel), chancelier de France. Son portrait en tap. II, 425. — Reçoit en 1679 une tap. de *Chancellerie*. II, 421, III, 133.

Létourneau, tapis. *Histoire de France*. V, 80; — *Napoléon en buste*. V, 379; — *Sujets napoléoniens*. V, 224-259.

Lever (le) du Soleil, d'après Boucher, II, 93; IV, 175, 184-185, pl.

LOUVECIENNES (Seine-et-Oise). Château : *Les Amours des Dieux*. IV, 212,

LOUVOIS (Marquis de), surintendant des bâtiments (1683-1691), II, IX. — Figure dans *Le Roi aux Invalides*, II, 112, — avait chez lui un petit atelier de tapisseries, I, 261. — Possédait : *les Amours de Gombaut et Macée*. I, 222; — *Bacchanales*, I, 196: — *Jeux d'enfants*, I, 374.

LOVINFOSSE, p. *Histoire de Don Quichotte*, deux petits tabl., et modèles, III, 178, 271, 272. — Médaillon de *Don Q*. en camaïeu, III, 272-273, pl.

LÖWENFELD. Collection : Une pièce de *Renaud et Armide*, I, 326.

LOWENGARD. Collection : *Daphnis et Chloé*. III, 292; — deux pièces des *Métamorphoses*, III, 131, 132; — *Meuble*, IV, 399; — *Portrait de Louis XV*. IV, 316; — *Tête de jeune fille*, IV, 345.

LUC (frère). p. Modèles de l'*Histoire d'Achille*. I, 21, 60, 302. — Cartons des *Actes des Apôtres*, II, 45.

LUCAS, p. Modèle des *Sept Âges*. II, 85.

LUCAS (Abel), p. et tap. Modèles de *Enfant portant des fruits*, V, 7; — décorations pour le château d'Eu; V, 422; — Salon Louis XIV aux Tuileries, V, 110,

111. — Retouche les modèles de Galland : *Napoléon III* et *l'Impératrice Eugénie*, V, 423; — ainsi qu'un pastel de *Marie-Thérèse en buste*, V, 424. — Cartons de *La Charité*. V, 331; — *les Éléments*. V, 5; — *les Muses*. V, 129; — *Sylvie délivrée par Aminte*. V, 61; — *Vénus sortant des eaux*, V, 57.

LUCAS (Hippolyte), p. et tap. — Modèles de décorations pour le château d'Eu, V, 442. — Cartons de *Sylvie délivrée par Aminte*, V, 61; — *Vénus sortant des eaux*, V, 57; — *la Vierge au poisson*, V, 326. — Tapis. : *l'Assomption*, V, 330; — *Gibiers et fruits*, V, 348; — *la Vierge au poisson*. V, 326.

LUCRÈCE, II, 423; — et *Orphée*, d'après J. Romain, II, 85.

LUNÉVILLE (Meurthe-et-Moselle). Château. Renfermait en 1742 quatre *Nouvelles portières de Diane*. III, 307.

LYON. Musée : *L'Air*, d'après Le Brun, II, 59; — *Flagellation de saint Gervais*. tabl. de Ph. de Champaigne, I, 271.

LYON. Collection : Modèle de Rubens pour l'*Histoire de Constantin*. I, 247.

Lyre (La). d'après P. V. Galland, V, 150.

M

MACÉE. *Les Amours de Gombaut et de M*. I, 219-224, pl., 3 fig.

MACHARD (Jules), p. Modèle de *Séléné*, V, 294.

MACHAUT (J.-B. de). Reçoit en 1783 à titre de Chancellerie une suite de *Don Quichotte*, III, 151, 253-255.

MAC LEAN (John Robert). Collection : *Artémise*, I, 210.

MAC-MAHON (Mᵐˡᵉ de). Reçoit en 1876 *Sainte Élisabeth de Hongrie*, V, 87.

MAC TWOMBLY. Collection : *Renaud et Armide*. I, 325.

Madeleine (La) chez le pharisien, d'après Jouvenet. III, 102. 114-115, pl.

Madone, d'après Raphaël, V, 367; — *de Saint Jérôme*, d'après le Corrège, V, 332. — Voir aussi *Vierge*.

MADRID. Ambassade de France : plusieurs pièces de l'*Histoire du Roi*. II, 181; — des *Mois*. II. 157, 158. — Bibliothèque Nationale : dessins de l'*Histoire d'Artémise* et de l'*Histoire des Rois de France*. 1, 8, 9, 109, 119, 125, 151, 157, 170, 178, 179. — Collection Parcent : *Histoire de Psyché*, I, 292. — Couvent des Descalzas Reales : *le Triomphe de l'Eucharistie*, I, 245. — Musée du Prado : dessins de Rubens pour le *Triomphe de l'Eucharistie*, I, 245; — *la Vierge au poisson*. V. 325. — Palais-Royal : *Histoire de Diane*. I, 234.

MADRID, près Paris. Château. Entrefenêtre de la tenture des *Mois*. d'après Le Brun, II, 129, 130, 134, 150-151, pl.

MAËCHT (Philippe), tap. I, 224, 234, 237, 238, 250, 251, 255.

MAGNE (Marcel), p. Modèle de *Simone*, V, 215.

MAGSIN (L'abbé), curé de Saint-Germain l'Auxerrois. Achète en 1830 une bannière par Vien, IV, 415.

Mai. Pièce des *Chasses de Maximilien*. d'après B. Van Orley, II. 303; — des *Mois*. d'après Le Brun. II. 129, 130, 135, 140; — des *Mois arabesques*. II. 326, 328-329, pl. VI. 5. — des *Mois Grotesques*. III, 76; — des *Mois Lucas*. II, 341. 352-353. pl. VI, 6.

MAIGNAN (Albert-Pierre-René). p. Modèles de *la Justice Consulaire*, V. 205. 206; — des décorations de la Salle des Fêtes du Sénat et de la Chambre de Commerce de Saint-Étienne, V, 202, 203. 207.

MAILLART (Diogène-Ulysse-Napoléon), p. Modèle de *Pénélope à son métier*, V, 155. — Cartons de la *Danse des Nymphes*. V. 26; et *la Madone de Saint-Jérôme*. V. 332.

MAILLY (Pasquier). tap. aux ateliers de Fontainebleau, I, 91.

MAINCY (S.-et-M.), Château. Un atelier de tapis. y est fondé par N. Fouquet. I, 27-29; *Histoire de Constantin*. II, 27; *Histoire de Moïse*. II, 36. — *Portière de Mars*. II, 9; — *Portières des Renommées*. II, 1; — *Portière du Char de Trophées*. II, 16; — *Soubassements de fenêtres*. II, 24; — *Verdures*. II, 26.

MAINTENON (Mme de). Fait recouvrir de draperies les figures nues de la tenture des *Sujets de la Fable*. II, 251, 253.

MAIRET (Charles). chef de pièce; — *l'Automne et l'Hiver*, V. 141; — *la Dame à la Licorne*, V. 88; — *les Douze Mois Grotesques*. V. 32-34; — Meuble à fleurs, V. 443-444; — *les Muses*. V. 130.

MAISONS (Président de). Achète l'*Histoire de Psyché*. de la manufacture de R. de La Planche. I, 24. 67.

Maisons (Les) *Royales*. d'après Le Brun. I, 371, 372; II, 128-165; VI, 2; Voir : *Mois* (Les).

MALAINE (Laurent). p. de fleurs. Modèles de divers meubles. IV, 410; V. 429, 430.

MALMAISON (La) [Seine-et-Oise]. Château : *Les Adieux de Tilsit*, V, 255; — *l'Empereur reçoit Mirza*. V, 250; — *le général Bonaparte fait présent d'un sabre au chef militaire d'Alexandrie*. V, 256; — *la Reddition de Vienne*. V, 241.

MALOISEL (Émile), chef de pièce. — *Bordures anciennes*. V. 88; — *Le Café*, V. 154; — *Le Couronnement de Molière*, V. 177; — Galerie d'Apollon. V. 117; — *Le Héron*. V. 165; — *Histoire de Constantin*. V. 22; — *Histoire de France*. V. 80; — *L'Ibis*. V. 168; — *La Musique*. V. 132; — *La Pêche*, V. 153; — *Pégase*. V, 143; — *Sainte Agnès*. V, 160; — *Sainte Élisabeth*. V, 87; — Salon Louis XIV. V. 105; — Tenture de la Salle du Trône. V. 98. — *Le Toucher*. V, 135; — *Une descente de tournoi*, V, 190. — Comme peintre exécute les modèles de *l'Ibis* V, 168; — et de six fauteuils, V. 444.

MALOISEL (Georges), chef de pièce, — *Château Neuf de Saint-Germain*. V. 189; — *La Danse des Nymphes*. V, 25; — *Flore* (ou *Cérès*), V, 89; — *La Justice Consulaire*. V, 206; — *Le Printemps et l'Été*. V, 140; — *Vénus pleurant Adonis*. V. 204.

MALOISEL (Pierre). tapis. *Le Duc d'Angoulême*. V. 410; — *Monsieur. comte d'Artois*. V. 407; — *Sujets napoléoniens*. V. 224-259.

MAME (A). Collection : *Un jeune Élève*, tabl. de Drouais, IV. 343.

MAMMÈS (Saint). *Vie de saint M.*. I. 92.

MANOELSCHOT père et fils, tapis. — Bannières, V. 364; — *Pierre le Grand*, V. 300; — *Sujets napoléoniens*, V. 239-259.

MANIGANT. chef de pièces. — Galerie d'Apollon, V. 124; — *Pierre Ier de Russie en buste*, V, 424.

Manne (La), d'après Poussin, II, 186, 188.

Manœuvres (Les) *d'armées*. — *navales*. tap. de l'*Histoire d'Artémise*. I, 177. 178. 2 fig.

MANORY, p. Cartons des *Mois*. II. 129.

MANSARD, surintendant des bâtiments (1699-1708), II, VIII. — Son portr. d'après Hofer, V, 124.

MANSSEN (Jean), tap. Contrôle les tapisseries étrangères à Paris. I, 58.

Manuscrit (Le), d'après F. Ehrmann. V, 174. 175.

Maquettes de tapisseries, par Boucher et Jacques. IV, 228-229. 256-257. 2 pl.

MARC-ANTOINE. *Histoire de M.-A*. IV, 91-97, pl.

MARC-ANTOINE, grav. *Le Jugement de Pâris*, d'après Raphaël. II, 266. fig.

MARCEL (Étienne). *La Mort d'É. M*.. IV, 371; V. 83, 84.

MARCHAIS. p. Restaure le modèle de *La famille de Darius aux pieds d'Alexandre*. par Lebrun, V, 8.

MARCHAY (Jean). tap. aux ateliers de Fontainebleau, I, 91.

MARCILLE (Eudoxe). Prête aux Gobelins le modèle de Boucher : l'*Eau*. reçoit en échange une *Tête d'enfant* en tapis., V. 63, 64.

MARDOCHÉE. *Histoire d'Esther*. IV, 1-7. — *Mardochée refuse de fléchir les genoux devant Aman*. gr. de Beauvarlet. IV, XII. fig.

MARGARITA (Adolphe). chef de pièce. — *Bannières*. V, 368; — *Les Éléments*. V. 6; — Galerie d'Apollon. V. 116; — *Sainte Famille*. V, 330.

Mariage (Le), aquarelle de Poussin pour la tenture des *Sacrements*. I, 284; — *civil en 1792*. d'après V. G. Claude. V. 197; — *d'Alexandre et de Roxane*, d'après Raphaël. II, 268-270, pl. 272-273, pl.; — *d'Henri IV avec Marie de Médicis*. d'après Rubens. V, 310. 311; — *de Constantin*. I, 247; — d'après Le Brun. II, 27-29; — *de M. le Duc de Bourgogne*. tabl. de Dien. II, 101; — *du Roy*, d'après Le Brun. II, 99. 101. 106.

MARIE (Étienne), chef de pièce. — La *Céramique*. V, 176; — Les *Cigognes*, V, 167; — Les *Fruits*, V, 152; — *L'Imprimé*, V, 173; — La *Médecine*, V, 179; — La *Statue*, V, 166.

MARIE, l'aîné, tapis. *Sujets napoléoniens*, V, 224-259.

Marie-Amélie, duchesse d'Orléans, avec son fils aîné, d'après Gérard, V, 417.

MARIE-ANTOINETTE. Avait chez elle en 1789 une *Histoire d'Artémise*, I, 203. — Portraits, par Drouais et Duplessis, IV, 318-319, pl., 322; — d'après Mme Vigée-Lebrun, V, 399, 400.

MARIE DE MÉDICIS. *Histoire de Marie de Médicis*, d'après Rubens, V, 307-313; — Son *portrait en Bellone*, d'après Rubens, V, 311.

Marie de Médicis s'enfuit du château de Blois, d'après Rubens, V, 313.

MARIE LESCZINSKA. Son portrait d'après Nattier, IV, 312-313, pl.

MARIE-LOUISE. Son portrait en buste, d'après Canova, V, 395.

Marie-Louise (L'Impératrice), d'après Gérard, V, 384-387.

MARIE-THÉRÈSE, reine de France. *Histoire du Roi*, II, 102, 105, 106.

MARIE-THÉRÈSE, impératrice d'Autriche. Son portrait, par Ducreux, IV, 322-324, pl.; — son portrait en tap. exécuté par Lucas, V, 424.

MARIGNY, p. Cartons du *Duc d'Anjou déclaré Roi d'Espagne*, d'après Gérard, V, 307.

MARIGNY (Le marquis de), surintendant des bâtiments (1751-1773), II, VIII. — Collection : *les Amours des Dieux*, IV, 203; quatre pièces de *Don Quichotte*, II, 94; III, 245; — un meuble de Jacques, IV, 389; — *Un jeune élève*, IV, 341; — *Une petite fille jouant avec un chat*, IV, 343.

MARIMONT (Hainaut). Château. Figure dans une entre-fenêtre des *Mois*, d'après Le Brun, II, 148-149, pl.

Marionnettes (Les), d'après C. Coypel, III, 182-183, pl., 193, 216-217, pl.

MARLY (S.-et-O.). Château. Renfermait en 1789 une tenture de l'*Histoire de Constantin*, I, 253; — et une *Histoire de Psyché*, I, 290.

MARQUEREAU. Collection : quatre pièces des *Scènes de théâtre*, IV, 157.

MARQUET DE PEIRE. Possédait deux pièces des *Fragments d'Opéra*, III, 343; — et deux pièces des *Scènes de théâtre*, IV, 162-166.

MANQUIS (Pierre-Charles), p. Modèle de *Perrault*, V, 125.

MARS. *Portière de M.*, II, 9-15; — *Triomphe de M.*, II, 122; — *et Vénus*, d'après J. Vouet, I, 337, fig. — Figure dans *Les Amours des Dieux*, I, 337, fig., 343; — *Mars*, III, 75; — *Octobre*, II, 328; — les *Saisons*, II, 70.

Mars (Mois). Pièce des *Chasses de Maximilien*, d'après B. Van Orley, II, 302; — des *Mois*, d'après Le Brun, II, 129, 130, 134; — des *Mois Arabesques*, II, 324-325; pl.; VI, 5; — des *Mois Grotesques*, III, 75; — des *Mois Lucas*, II, 340, 356-357, pl.

MARSAL. *La Réduction de M.*, d'après Le Brun, II, 100, 101, 107.

MARSEILLE. Musée : *L'Arrivée de Cléopâtre à Tarse*, tabl. de Natoire, IV, 94; — le *Chasseur indien*, les *Pêcheurs indiens*, tabl. de Desportes, IV, 45.

MARTIN, p. Cartons des *Batailles de Charles XI*, d'après Lemke, VI, 7; et des *Mois*, II, 129, 130.

MARTIN (Jean), chef de pièce. *Buste en marbre de Napoléon Ier*, V, 394, — *L'Impératrice Joséphine en buste*, V, 382; — *Louis XVI*, V, 398; — *Louis XVIII en buste*, V, 404; — Les *Quatre Saisons*, V, 66, 67; — *Saint Denis*, V, 114; — *Sujets napoléoniens*, V, 245-259.

MARTIN LE ROY. Collection : *Juin (La Curée)*, VI, 4; *Mai*, des *Mois Lucas*, VI, 6; — Une pièce de *Renaud et Armide*, I, 326; — *Verdures et paysages*, I, 354.

MARTINOT (Claude). S'associe avec Coypel pour faire graver les tabl. de l'*Histoire de Don Quichotte*, III, 166.

Martyre (Le) de saint Étienne, des *Actes des Apôtres*, I, 281; II, 47.

Massacre des Mamelucks, d'après Horace Vernet, V, 314, 315, 316.

MASSELIN (Mme). Possédait en 1876 *Janvier*, des *Mois Lucas*, II, 354.

MASSON (Frédéric). Collection : Portr. en tapiss. de *Bonaparte et de Marie-Louise*, V, 374, 395.

MASSY (Les), tapis. *Sujets napoléoniens*, V, 235-259.

MATHIEU (1699-1778), p., directeur artistique des Gobelins, III, VIII. — Modèles des *Métamorphoses*, III, 121-125. — Cartons des *Enfants jardiniers*, II, 87, 93; — l'*Histoire du Roi*, II, 99, 100; — la *Portière de Mars*, II, 9; — la *Portière des Renommées*, II, 1; — la portière du *Char des Trophées*, II, 16; — les *Saisons*, II, 70.

MALPEOU (René-Charles de), chancelier. Possède une *Chancellerie*, III, 148, 151; — et quatre pièces de l'*Histoire d'Esther*, IV, 20, 21.

Meute (La) *allant au rendez-vous*, d'après Oudry, III, 346, 348, 350-351, pl.

Mesnier (Charles), p. Modèle de : *Les soldats du 76e de ligne retrouvent leurs drapeaux à Insprück*, V, 243.

Maillet. Collection : *Le Petit Boudeur*, tabl. de Greuze, IV, 348.

Michel (Saint), d'après L.-O. Merson, V, 160, 161.

Michel (Louis), tapis. : *la Force*, V, 191; — *le Manuscrit*, V, 175; — *Marie-Antoinette et ses enfants*, V, 400; — *Meuble à fleurs*, V, 443; — *les Muses*, V, 148; — *Sujets napoléoniens*, V, 224-259; — *Trépied d'Or*, V, 145.

Micheux, p. Travaille aux modèles de l'*Histoire de Don Quichotte*, III, 160, 161.

Mignard (Pierre), p. Succède en 1690 à Le Brun comme directeur des Gobelins, II, 399. Son portrait par Daverdoing, V, 122. — Modèles du *Festin de Psyché*, II, 247, — *la Fête à Flore, la Fête au dieu Pan*, V, 29, 30; — *la Galerie de Saint-Cloud*, II, 399-418, 5 pl.

Mignonne et Sylvie, d'après J. B. Oudry, V, 342.

Miguet, tap. *Les Portières des Dieux*, V, 31.

Milan. Musée d'Art Industriel : une pièce de l'*Histoire de Diane*, I, 239. — Palais-Royal : *Les Actes des Apôtres*, I, 282; II, 49; — une pièce de *Jason*, IV, 125.

Minerve. *Le triomphe de M.*, II, 222. — Figure dans : *Octobre*, III, 77; — *la Portière de Mars*, II, 9; — *les Saisons*, II, 71.

Minerve et Arachné, d'après Maignan, V, 205.

Miot (Alfred), chef de pièce. *Jason et Médée*, V, 205.

Mise (La) *au tombeau provisoire*, dessin de l'*Histoire d'Artémise*, I, 151, fig.

Mission (La) *de Jeanne d'Arc*, d'après J. P. Laurens, V, 199.

Mobilier de la Couronne en 1663. L'inventaire mentionne les tentures suivantes : *L'Ancien Testament*, I, 313; — *Clorinde et Tancrède*, I, 361; — *Constantin*, I, 249; — *Diane*, I, 234; — *l'Enlèvement des Sabines*, I, 293; — *Jeux d'Enfants*, I, 373; — *les Mois de l'année*, I, 301; — *Psyché*, I, 289; — *Renaud et Armide*, I, 322; — *les Sacrements*, I, 285.

Mobilier de la Couronne en 1665. L'inventaire mentionne les tentures de : *Coriolan*, I, 217; — *Gombaut et Macée*, I, 223; — *le Pastor Fido*, I, 228-230.

Modèle (Le) *du sarcophage*, dessin de l'*Histoire d'Artémise*, I, 184, fig.

Moillon, p. Bordures des *Éléments*, II, 31.

Mois (Les) ou *Maisons Royales*, d'après Le Brun, II, 128-165; VI, 2; — *Arabesques*, d'après J. Romain, II, 323-326; V, 27; VI, 4-6; — de l'année, de la manufacture de R. de La Planche, I, 22, 61, 301; — *Grotesques*, d'après Cl. Audran, III, 73-80; — *Lucas*, II, 337-370; VI, 6.

Moïse. *Histoire de M.* tap. de Maincy, d'après Le Brun, II, 36; — tap. des Gobelins, d'après Le Brun et Poussin, II, 186-199. — Figure dans *l'Ancien Testament*, I, 311.

Moïse au berceau, d'après Le Brun, II, 36; — au buisson ardent, d'après Le Brun, II, 187-189; — enterrant l'Égyptien, d'après Le Brun, II, 36; — exposé sur les eaux, d'après Poussin, II, 186, 188; — foulant aux pieds la couronne de Pharaon, d'après Poussin, II, 186, 188; — frappant le rocher, d'après Poussin, II, 186, 188; — sauvé des eaux, d'après Poussin, II, 186, 188-189, pl.; — d'après Vouet, I, 18, 311, 312-313, fig. et pl.

Moitte, fait partie du Jury des Arts qui examine les tap. des Gobelins le 10 septembre 1794, II, 247.

Molé (Le président) *arrêté par les frondeurs*, d'après Vincent, IV, 369; V, 80.

Molière. *Le Couronnement de M.*, V, 377, 378.

Monceaux. Château. Figure dans les *Maisons Royales*, d'après Le Brun, I, 371; II, 129, 131, 137, 160-161, pl.

Moncornet (Clodomir), apprenti à la manufacture de Raphaël de La Planche, I, 31, n.

Mondekens (Jaspart), tap. à la Manufacture de Comans et de La Planche, et son fils Josse, apprenti (1626), I, 13.

Monier (Pierre), p. Cartons de *La Musique de la Danse, la Danse des Bergers et Bergères*, II, 247, 249.

Monmartel, garde du Trésor Royal, achète en 1763 six pièces de l'*Histoire de Don Quichotte*, III, 223.

Monmerqué (Mathieu), chef d'atelier (1730-1749), II, viii, ix; — chômage de son atelier en 1749, III, 206, 207. — *L'Ambassade turque*, III, 320, 322; — *les Chasses de Louis XV*, III, 353, 358; — *Fragments d'Opéra*, III, 330, 332, 333; — *la Galerie de Saint-Cloud*, II, 413; — *l'Histoire d'Esther*, IV, 11, 15; — *Histoire de Don Quichotte*, III, 207, 214; — *l'Histoire du Roi*, II, 119, 123, 124; — *Meuble de M. de la Fontanie*, IV, 383; — *les Mois Lucas*, II, 352, 358-360; — *Le Nouveau Testament*, III, 109, 110; — *Nouvelle portière de Diane*, III, 305; — *Portière aux Armes de France*, III, 311, 313; — *les Portières des Dieux*, III, 24, 25; — *les Sujets de la Fable*, II, 258-260.

423 ; — *Louis-Philippe*. V, 419, 420; — *Marie-Thérèse en buste*, V, 424; — *les Mois Arabesques*, V, 27; — *Napoléon III*. V, 422; — *Psyché et l'Amour*, V, 24; — *Tentures de Boucher*, V, 62; — *le Toucher*, V, 135; *Vierge au poisson*, V, 326.

Murat (J.), roi de Naples. Reçoit en 1808 une copie ancienne de l'*Assassinat de Coligny*, V, 85.

Murat, p. Cartons de *Jupiter consolant l'Amour*, d'après Raphaël, V, 25.

Muriddin (Haggi-Osman). Fournit les compositions d'un tapis de mosquée, V, 440.

Muses (*Les*), d'après P. V. Galland, V, 147, 148, 150 ; — d'après Le Brun, II, 37-40 ; — d'après Le Sueur. V, 129, 130.

Musique (*La*), d'après Boucher, V, 64, 132 ; — champêtre, d'après J. B. S. Chardin. V, 337 ; — de la Danse, d'après J. Romain, II, 247-251, 260-261, pl., — guerrière, d'après J. B. S. Chardin. V, 337.

N

Naissance (*La*) d'Adonis, des Amours des Dieux, I, 345 ; — *de la Vierge*, d'après Ph. de Champaigne, I, 262-264, pl., fig.; — *de Louis XIII*, d'après Rubens, V, 310 ; — *de Marie de Médicis*, du même, V, 312 ; — *de Méléagre*, grav. d'après Lebrun, II, 34-35, pl.; — *de M. le Duc de Bourgogne*, tabl. de Dien, II, 101 ; — *les Naissances*, d'après Philippe d'Orléans, III, 289.

Nancy. Musée : *Destruction du palais d'Armide*, tabl. de Coypel, III, 325.

Nante (Line), tap. à la manufacture de Comans et de La Planche, I, 13.

Nantes. Musée : *Didon et Énée*, tabl. de C. Hérault, III, 297 ; — *le Sommeil de Renaud*, tabl. de Coypel, III, 325.

Nanteuil (Robert), grav. *Portr. de Colbert*, d'après Lefèvre, V, 427.

Naples. Palais Royal : *Les Éléments*, II, 63 ; — *Histoire de France*, IV, 374.

Napoléon Ier. La tapisserie sous son règne, V, 217-223 ; — ses portr. d'après Gérard, V, 374-380 ; — et Canova, V, 391, fig. 394, 396-397, pl.

Napoléon à Tilsit donne la croix... à un soldat... russe, d'après J.-B. Debret, V, 238, 239 ; — dans son cabinet topographique, d'après E.-B. Garnier, V, 235 ; reçoit les députés de l'armée après son couronnement, d'après G. Serangeli, V, 236, 237.

Napoléon III. Portr. d'après Appert, V, 117 ; d'après P.-V. Galland, V, 442 ; d'après F.-X. Winterhalter, V, 420, 421.

Narcisse. I, 349, 350-351, pl., 352 ; — et la nymphe Écho, III, 122, 123, pl., 125, 128.

Nassau (Maurice de). Donne à Louis XIV les modèles des *Indes*. II, 371.

Natation (*La*), dessin de l'*Histoire d'Artémise*, I, 9, 179, fig.

Nativité (*La*), tap. de Maurice Dubout, exécutée à la Trinité, I, 17, 106 ; — d'après Ph. de Champaigne, I, 262-264, pl., fig.

Natoire (Charles), p. Modèles d'une tenture de *Don Quichotte* exécutée à la manufacture de Beauvais, III, 279 ; — de l'*Histoire de Marc-Antoine*, IV, 91-97, 2 pl.

Nattier, p. *Marie Leczinska*, IV, 312-313, pl.

Négresse (*La*) portée dans un hamac, d'après Desportes, IV, 45, 56-57, pl.; — copie du XIXe siècle, V, 50, 51.

Neilson (Jacques), chef d'atelier (1747-1788), II, ix ; modifie le métier de basse lisse, III, 229, 230 ; — s'entend avec Audran et Cozette pour les commandes des particuliers, IV, 77, 78 ; se fait donner en payement plusieurs tapisseries, IV, 280-282, 289-291 ; — Les Amours des Dieux, IV, 202, 221 ; L'Ancien Testament, III, 91-97 ; — Chancelleries, III, 145, 146 ; Fragments d'opéra, III, 340 ; — Histoire d'Esther, IV, 35 ; — Histoire d'Henri IV, IV, 359 ; — Histoire de Don Quichotte, III, 232, 237 ; — Meubles, IV, 384-409 ; — Les Nouvelles Indes, IV, 52-54, 62 ; — Les Portières des Dieux, 38, 39, 49, 50-53 ; — Tentures de Boucher, IV, 299, 300 ; — Tenture des Arts, IV, 89, 90.

Neptune. Figure dans *les Portières des Dieux*, III, 9, 46-47, pl. ; — *les Éléments*, II, 54 ; — *les Mois Arabesques*, II, 325 ; — *les Mois Grotesques*, III, 75 ; — *Les Amours des Dieux*, I, 336, IV, 192 ; *le Triomphe de Vénus*, II, 225.

Neptune d'après Cl. Audran, III, 46-47, pl.; — et Cérès, d'après Vouet, I, 336, fig.; — et Amymone, d'après C. Van Loo, IV, 192-193, pl.; — d'après Boucher, IV, 230-235, fig.; V, 55.

Néron couronne Mélinte vainqueur du concours de poésie, grav. d'A. Bosse pour l'*Histoire d'Ariane*, I, 368.

O

P

Passage (*Le*) *de la Mer Rouge*, d'après Poussin, II, 186, 188, 194-195, pl.: — *du Rhin*, tabl. de De Sève, et ébauche de Van der Meulen, II, 100.

« *Pastor Fido* » (*Le*), d'après L. Guyot et Dumée, I, 10, 41-46, 225-230, fig.

Patel (Pierre), p. Travaille aux *Mois*, II, 128.

Pater (J.-B.). Possédait six fauteuils, en tap. IV, 381.

Pâtisserie (*La*), d'après Mazerolle, V, 153.

Pau. *Vue du Palais de P.*, V, 105.

Paul (Saint). *Histoire de saint Paul*, tap. de Paris, I, 43; tap. de Bruxelles, II, 42; — *les Actes des Apôtres*, I, 281; II, 47, 48. — Figure dans la *Vie de saint Étienne*, I, 277.

Paul (*Saint*), d'après Raphaël, II, 85; — *aveuglant le magicien*; — *en prison*, du même, II, 48; — *sur le chemin de Damas*, dessin de La Hire, I, 277.

Pavillon, p. d'armoiries. Modèle d'une tenture de Chancellerie, III, 134.

Paye (*La*) *des moissonneurs*, pièce des *Mois de l'année*, I, 301; — *des soldats*, d'après J. Romain, II, 279, 283.

Paysans changés en grenouilles, pièce de l'*Histoire de Diane*, I, 231, 232, 236-237, pl.

Péan (Docteur). Vente de sa collection, IV, 157.

Pêche (*La*), I, 301; — d'après Boucher, IV, 231, 232, 236, 346-347, pl., V, 57; — d'après Mazerolle, V, 153; — *Miraculeuse*, d'après Jouvenet, III, 103, — d'après Raphaël, II, 47; V, 13.

Pêcheurs (*Les*), de la tenture des *Indes*, II, 375, 394-395, pl.: — *Indiens*, d'après Desportes, IV, 46; V, 53.

Pégase, d'après P. V. Galland, V, 142-143, pl.

Peigné (Mme), p. Modèle d'un *Vase de fleurs*, V, 352.

Peinture (*La*), d'après C. van Loo, IV, 344.

Peiresc. Sa lettre à Rubens au sujet des modèles de l'*Histoire de Constantin*, I, 245, 246.

Pèlerins (*Les*) *d'Emmaüs*, dessin pour la *Vie de Notre-Seigneur*, I, 106.

Pelletier (Pierre), apprenti à la manufacture de Comans et de La Planche, I, 13.

Pénélope à son métier, d'après Diogène Maillart, V, 155-157.

Pénitence (*La*), aquarelle de Poussin pour la tenture des *Sacrements*, I, 284.

Pentes et bandeaux pour les fenêtres du Grand Escalier et du Salon du Roi à Eu, V, 442.

Penthièvre (Duc de). Voir Bourbon (Louis-Jean-Marie de).

Pépin, tap. de l'atelier Cozette. En chômage, III, 207.

Percier (Charles), archit., fait partie du jury des Arts qui examina les tap. des Gobelins le 10 septembre 1794, II, 247. — Son portr. d'après Fauvelet, V, 126.

Perclas (Nicolas), tap. à la Manufacture de Comans et de La Planche, et son fils, Jacques, apprenti (1626), I, 13.

Père (*Le*) *de Psyché consultant l'oracle d'Apollon*, I, 288, 291, 292, fig.

Perellos (Raymond de), Grand Maître des Hospitaliers de Saint-Jean. Possédait une tenture des *Indes*, et une de Bruxelles, *le Nouveau Testament*, II, 383, 384.

Périer (François), p. Portrait de Simon Vouet, I, 307, fig.

Perraud (Robert), chef de pièce. *Histoire de Don Quichotte*, V, 37: — Reproduction de tapis. coptes, V, 91.

Perrault. Devises en vers pour les pl. des *Éléments*, par S. Le Clerc, II, 53.

Perrault (Claude), architecte. Son portrait d'après Marquis, V, 125.

Perron. Possède une pièce de l'*Histoire de Diane*, I, 240.

Pernot (Pierre-Josse) p. d'ornements (1715-1749), abandonne son atelier à Boucher, IV, 174. — Modèles d'un *Dais du Roi*, III, 155; — d'un encadrement de titre, III, 303, fig.; — d'un *Meuble*, IV, 379; — de la *Nouvelle Portière de Diane*, III, 304, 306-307, pl.; — d'une *Portière aux Armes de France*, III, 310-311, pl.; — alentours et bordure de l'*Ambassade turque*, III, 315, 319: — *les Chasses de Louis XV*, III, 352; — *Don Quichotte*, III, 199; — *Fragments d'Opéras*, III, 329; — *Histoire d'Esther*, IV, 4, 7, 8; — *Histoire de Marc-Antoine*, IV, 94; — *les Mois Lucas*, II, 344; — *le Nouveau Testament*, III, 106, — *les Nouvelles Indes*, IV, 46; — *les Portières des Dieux*, III, 11; — *les Sujets de la Fable*, 252; — *les Triomphes des Dieux*, II, 242.

Persée et Andromède, I, 43.

Persigny. Vente. Une *chancellerie*, III, 150.

Person (Ch. François), p. Cartons du *Bain de Psyché et de l'Amour*, II, 247, 248, 254-255, pl.; — peint des draperies aux figures nues des *Sujets de la Fable*, II, 253.

Pestiférés (*Les*) *de Jaffa*, d'après Jean-Antoine Gros, V, 224-226.

Petit (Eugène). p. Modèles pour la décoration de la Salle à manger, à l'Élysée, V, 128. — Bordures du *But*, V, 131, 132.

Petit-Bourg (Seine-et-Oise). Château du duc d'Antin. Renfermait quatre entrefenêtres des *Triomphes des Dieux*, II, 242.

Petit (Le) boudeur. d'après Greuze, IV, 348; — *dénicheur de merles*, — *oiseleur*, — *pêcheur*, fauteuils de Boucher, IV, 406, fig.; — *Scipion*, tap. de Bruxelles, II, 290; — *tableau de fleurs*. V, 355; — *vendangeur*, fauteuil de Boucher, IV, 406.

Petite Bergère, — *fille à la cage*, fauteuils de Boucher, IV, 406; —*fille jouant avec un chat*, d'après Drouais, IV, 341-343, pl. ; VI, 10; — *fille portant des fruits*, *jardinière*, *laitière*, d'après Boucher, IV, 348, 406.

Petitpied, greffier. Achète diverses tapiss. de la manufacture de R. de La Planche, I, 66.

Pétrograd. La manufacture Impériale de tapisseries a exécuté au xviiie siècle un certain nombre de pièces copiées sur celles des Gobelins. IV, 66. — Ambassade de France : *Enlèvement d'Hélène*, II, 275. — Musée de l'Ermitage : *Samson au festin des Philistins*. I, 315. — Musée Impérial : *Histoire d'Esther*, IV, 26. — Musée Stieglitz : *Histoire de Jason*. IV, 130; — *les Mois*, II, 160. — Palais Anitchkoff : *Don Quichotte*, III, 253; — *les Quatre Saisons*, IV, 366. — Palais d'Hiver : *Pierre le Grand*, V, 300. — Palais de Pavlosk, au grand-duc Constantin : tap. données au grand-duc Paul. (Voir Russie.) — Palais de Peterhof : *Pierre le Grand*, tabl. de Steuben, V, 301.

Pharmacie (La), d'après P. V. Galland, V, 180.

Phèdre et Hippolyte, d'après P.-N. Guérin, V, 289.

Philibert (Pierre). tap. aux ateliers de Fontainebleau. I, 91.

Philippe Auguste. Son portr. d'après Brisset, V, 117.

Philippe IV, roi d'Espagne. *Histoire du Roi*. II, 102, 105.

Philippe (Infant don). Voir Espagne.

Philosophes (Les), tap. de l'*Histoire d'Artémise*. I, 148, fig.

Philosophie (La), au Palais de Justice de Rennes, V, 194; — *Triomphe de la Philosophie*. II, 222.

Picart (B.) grav. *Histoire de Méléagre*, II, 35.

Pichard (Mlle), p. Carton du *Christ mort*. d'après P. de Champaigne, V, 328.

Pichon (Baron). Collection : *La bataille de Jarnac*, I, 259; — Entrefenêtres de *Don Quichotte*. III, 200.

Pictura. pièce de l'*Art Céramique*, V, 158.

Pie VII. pape. Reçoit en 1806 une tenture du *Nouveau Testament*, III, 115.

Pie IX, pape. Reçoit *la Charité*, V, 331; — et la *Descente du Christ au tombeau*. V, 328.

Pièces d'accompagnement. modèles de Tessier. IV, 272-273, pl.

Pierre (Saint). Figure dans *Les Actes des Apôtres*. I, 280; II, 47.

Pierre (Saint) et saint Jean guérissant le paralytique, de la tenture des *Actes des Apôtres*. I, 280; II, 47; V. 13.

Pierre le Grand. Visite les Gobelins en 1717, II, 382. — Son portr. d'après C. Steuben, V, 298-301, 324. — Reçoit une *Espagnolette*, IV, 338; — *les Indes*. II, 382; — quatre pièces du *Nouveau Testament*, III, 107; — une *Tête de Christ*, IV, 338.

Pierre (J.-B.), directeur des Gobelins (1781-1789), II, viii. — Propose au marquis de Marigny les projets de tenture : *Modes et usages du Levant*, par A. Van Loo, et *Didon et Énée* par Restout, IV, 328. — Modèles d'*Enfants* pour accompagner les *Amours des Dieux*, IV, 196-197, pl.; —*l'Enlèvement d'Europe*, IV, 190, 191; — *Mercure changé en pierre Aglaure*. IV, 196.

Piété (La). Figure dans la tenture des *Éléments*. II, 54, 55.

Pilastres des Loges du Vatican. auxquels ont été empruntées plusieurs figures des *Triomphes des Dieux*. II, 220. fig.

Pillage (Le) d'après J. Romain, II, 284-285, pl.

Pillon fils, tapis. *L'Enlèvement d'Orythia*, V, 284; — *Hélène poursuivie par Énée*. V, 270; — *Histoire d'Henri IV*, V, 78; — *L'Impératrice Joséphine*. V, 383; — *Napoléon en buste*. V, 379; — Salle du Trône, V, 100; — *Sujets napoléoniens*. V, 234-259.

Pillon père, tapis. *Hélène poursuivie par Énée*, V, 270; — *Méléagre entouré de sa famille suppliante*. V, 272. — *Sujets napoléoniens*, V, 234-259.

Pilon (Germain). sculpteur. Son portr. d'après Hesse. V, 119.

Pinard, tapis. *Nessus enlevant Déjanire*, V, 275; — *Sujets napoléoniens*, V, 234-259; — *Zeuxis à Crotone*. V, 267.

Piombo (Sebastiano del), p. Modèle du *Christ au tombeau*. V, 324.

Pipet. ouvrier tapiss. Travaille au *Portrait de Louis XV*. IV, 309.

PRIMATICE (Le), p. Modèles de tap. pour les ateliers du château de Fontainebleau, I, 90, 91; — décore la Galerie François Ier à Fontainebleau, I. 93-97, fig., pl.

Printemps (Le). d'après A. Callet, IV, 364-365, pl.: — d'après Lancret, V, 115; — d'après Le Brun. II, 84-88, 96-97, pl.; — d'après Mignard, II, 402-403, pl.; gr de Séb.; — Le Clerc, II, 68, fig.; — d'après J. Romain, II, 252-253, pl.; IV, 350; VI, 10; — *et l'Été,* d'après N. Coypel, II. 332: d'après Diéterle et Baudry, V, 139, 140.

Prise (La) d'un fort, tap. de *l'Histoire d'Artémise,* I. 176, fig.; — *d'une ville,* d'après J. Romain. II, 282-283, pl., — *de Lille.* d'après Le Brun. II, 108-109, pl.

Procession de prêtres et d'enfants, tap. de *l'Histoire d'Artémise,* I, 129, fig.

Prométhée et les Océanides, d'après Maignan, V, 205.

PROTAIS (Saint). *Histoire de saint Gervais et de saint Protais.* I, 269-274.

PROU (Jacques) p. Cartons de *la Messe du Pape.* II, 201.

PRUD'HOMME (Louis). chef de pièce. Galerie d'Apollon, V. 127: — *Louis-Philippe, en uniforme de l'Infanterie,* V. 420.

PRUD'HON. Fait partie du jury des Arts qui examine les tap. des Gobelins le 10 septembre 1794. II. 247.

PRUSSE (Guillaume de). Reçoit en 1808 une copie de *l'Assassinat de Coligny.* V, 86: — *le Courage des femmes de Sparte.* V, 266; — *la Reconnaissance d'Iphigénie et d'Oreste.* V, 280.

PRUSSE (Henri de). Reçoit les portr. *d'Henri II* et de *Louis XVI,* IV, 322, 325; — un meuble, IV, 409: — quatre tentures d'après Boucher, IV, 288; — six pièces de *Don Quichotte,* III, 259, 260; — quatre pièces des *Portières des Dieux.* III, 55.

PRUSSE (Princesse de). Reçoit en 1860 plusieurs copies de tentures de Boucher, V, 57, 61.

PSYCHÉ. *Les Amours de P.,* II, 246-250: — *Histoire de P.,* d'après Raphaël, I, 24, 27, 66, 67, 287-293, 3 pl., fig. — Figure dans *Les Métamorphoses.* III, 125, 127; — *Scènes d'Opéra,* IV, 146, 150. 232. 239; V, 43.

Psyché abandonnée par l'Amour, d'après C. Coypel, IV, 145, fig. 146; — *au temple de Cérès,* I. 289, 292: — *considérant l'Amour endormi,* IV, 150, 232, 239; V, 43; — *dans l'Olympe,* d'après Raphaël, V, 24; — *et l'Amour,* d'après Raphaël, V, 24; — pièce des *Métamorphoses.* III, 125, 127; — *portée sur la montagne,* I, 288, 291. 292.

PUJOL (Abel de), p. Modèle de *Saint Étienne prêchant l'Évangile.* V, 316.

Punition (La) d'Ananias et de sa femme. d'après Raphaël. II, 47.

Purification (La). de la Vie de la Vierge. I, 265.

PUY (Le) [H*te*-Loire]. Musée: *Jason domptant les taureaux.* tabl. de de Troy, IV, 103.

Pygmalion amoureux de sa statue, d'après Restout. IV, 84, 85, 88.

Pyrrhus prenant Andromaque sous sa protection. d'après P. N. Guérin. V. 292.

Q

Quatre (Les) Éléments. d'après Le Brun. 51-66; — *heures du jour,* lit d'après Jacques. IV. 399-402; — *parties du Monde,* meuble par Eisen et Lenfant. IV, 381; — portières par Dubois, V, 437; — *saisons,* I, 22-24, 61, 64, 68; — d'après Audran. III, 1; d'après Callet, IV. 362-366; V. 64-67; d'après Diéterle et Baudry, V, 140-141, pl.; d'après Lancret. V, 114-116; tissées par Cozette, IV, 350; VI, 10; IV, 364, 365.

Quilles (Les), pièce des *Jeux d'Enfants,* I, 374.

QUIMPER. Musée: *La Mélancolie.* d'après Cigoli, V, 336.

R

RABON (Nicolas), fils, p. Cartons de *la Vision de la Croix.* d'après Raphaël, II, 200.

RABOUAIN (Jean), tap. aux Gobelins (1622), I, 12.

RADEL, dessinateur, *Tapisserie de basse lisse des Gobelins.* III, XII, fig.; — *Tapisserie de haute lisse des Gobelins,* II, XII, fig.; — *Tapisserie de haute lisse des Gobelins. attitude de l'ouvrier pour commencer l'ouvrage,* IV, X, fig.

RAES (Jean), tap. à Bruxelles, *Le Triomphe de l'Eucharistie.* d'après Rubens. I, 245.

RAMOLINO (Laetitia). Voir LAETITIA RAMOLINO.

B. Van Orley, II, 304; — *de noces de Daphnis et Chloé*, IV, 82-83, pl.; — *de Psyché*, I, 289, 292, 293, pl.; — *de Sancho*, d'après C. Coypel, III, 185, 203;— *donné par Cléopâtre à Marc-Antoine*, d'après C. Natoire, IV, 92, 93.

Repos (Le) de Diane, I, 350.

Reprise (La) de Paris sur les Anglais en 1436, d'après Berthelemy, IV, 372.

République (La) française, d'après P. J. Blanc, IV, 187, 188.

Requêtes (Les) du peuple, tap. de l'*Histoire d'Artémise*, I, 164, fig.

Restout (Jean), p. Modèles des *Arts*, IV, 84-89, pl.; — de trois pièces du *Nouveau Testament*, III, 101-105. — Proposé pour exécuter une tenture de *Didon et Énée*, qui ne fut jamais entreprise, IV, 328.

Résurrection (La), dessin pour la *Vie de Notre-Seigneur*, I, 106; — *de Lazare*, dessin et tap., I, 106, 107, 2 fig.; — d'après Jouvenet, III, 103.

Retour de Chasse, Avril, d'après B. Van Orley, II, 303; — *de Diane*, d'après de la Fosse, III, 124, 126-127, pl.; — *de la Bataille*, II, 286-287, pl.

Réunion (Île de La). L'Église Saint-Denis reçoit en 1851 le *Christ au tombeau*, d'après S. del Piombo, V, 325.

Revel, p. Cartons de *la bataille d'Arbelles*, d'après Le Brun, II, 168.

Reydes (Pierre de), tap. à la manufacture de Comans et de La Planche, I, 13.

Richebourg. Achète diverses tapis. de la manufacture de R. de La Planche, I, 23, 68.

Richelieu (C¹ de). Ses armes figurent dans les bordures de la *Vie de la Vierge*, I, 267; — donne au roi une tenture de *Renaud et Armide*, I, 324; — possédait une *Histoire de Diane*, I, 233.

Richmond (Duc de). Achète en 1763 cinq pièces de *Don Quichotte*, III, 213, 215, 232; - et quatre pièces des *Portières des Dieux*, III, 44, 45.

Rigaud (Hyacinthe), p. Modèles du portr. de *Louis XIV*, V, 426.

Rigden (Mme M.), p. Cartons de l'*Étude*, d'après Fragonard, V, 338.

Rinceaux, d'après Polydore de Caravage, I, 375, 376.

Riom. Musée : modèle de *Saint Michel*, par L. O.-Merson, V, 161. — Palais de Justice : quatre pièces de l'*Histoire d'Ulysse*, I, 334.

Rivira (Jacopo della), tap., chef de l'atelier du C¹ Barberini, I, 254.

Rixens (André), p. Cartons de divers tableaux de J. Romain, dont la *Jeune fille nue*, V, 338.

Robertet (Florimond). Possédait en 1532 une tenture de *Gombaut et Macée*, I, 222.

Roby, tapissier de l'atelier Cozette, IV, 211.

Rochegrosse (Georges), p. Modèle de *La Conquête de l'Afrique*, V, 211, 212-213, pl.

Roche-Guyon (La) [Seine-et-Oise]. Château : quatre pièces de l'*Histoire d'Esther*, IV, 36; — un meuble de Jacques et Teissier, IV, 396.

Rocher (Louis de), tap. aux ateliers de Fontainebleau, I, 91.

Rochers (Les) de Franchart, d'après Oudry, III, 354-355, pl.

Rodogune, d'après C. Coypel, IV, 147.

Roger (Baron). Collection : *Mars, Août, Décembre*, des *Chasses de Maximilien*, II, 320; — *Juin*, des *Mois Lucas*, II, 368.

Roger (Jean et Étienne), apprentis à la manufacture de Raphaël de La Planche, I, 21, n.

Rohan (C¹ de). Possédait en 1780 les *Éléments*, II, 64; — *Histoire de Marc-Antoine*, IV, 95, 96; — *Jason*, IV, 127; — quatre pièces des *Nouvelles Indes*, IV, 65.

Roi (Histoire du), d'après Le Brun, II, 98-127; V, 7; — *aux Invalides*, d'après Le Brun, II, 101, 104, 112; — *de Rome*, d'après Fr. Gérard, V, 388, 389; — *en actions de grâces*, tabl. de Vernansal, II, 100; — *étant aux Gobelins*, d'après Le Brun, II, 100, 101, 111; — *François*, I, 41-43; — *porté par deux Maures*, II, 375, 394-395, pl.; — *qui donne audience à l'Ambassadeur de Perse*, tabl. de Dumesnil, II, 101; — *tenant le limier*, d'après Oudry, III, 346, 348, 350.

Roland. *Histoire de R.*, I, 22, 61.

Roland ou la Noce d'Angélique, d'après C. Coypel, III, 326, 332-333, pl.; IV, 150, 166-167, pl.; V, 38.

Romain (Jules), p. Modèles : *Les Bacchanales*, I, 295, 298-299, pl.; — *Divertissements des Dieux*, II, 221, 222; — *Fructus Belli*, II, 279, 280-286, 4 pl.; — *Histoire de Scipion*, II, 290-298, 2 pl.; VI, 4 pl.; — *Jeune fille nue*, V, 338; — *Lucrèce et Orphée*, II, 85; — les *Mois Arabesques*, II, 323; VI, 4-6; — les *Sujets de la Fable*, II, 246-260, 6 pl.; — les *Triomphes des Dieux*, II, 221, 222. — Cartons : *Histoire de Constantin*, II, 27.

Romain (Lucas), p. Cartons pour les ateliers de Fontainebleau, I, 90.

Roman (Le) au dix-huitième siècle, d'après M. Leloir, V, 211.

ROMANELLI (Jean-François), p. Modèles pour l'*Histoire de Constantin*, exécutée dans les ateliers du C^al Barberini, I, 254.

ROMANELLI (Francesco), p. Son portrait d'après Chanet, V, 119.

ROMANZOFF (Comte). Reçoit en 1807 l'*Hiver*, d'après Callet, IV, 365; — et en 1809 plusieurs pièces des *Quatre Saisons*, V, 65. 66.

ROMBACLT (Pierre), tap. à la manufacture de Comans et de La Planche (1624), I, 13.

ROME. Académie de France : *Le Char de Triomphe*, d'après Le Brun, II, 21; — *Dais du Roi*, III, 253; — *Histoire d'Esther*, d'après de Troy, IV, 29, 30; — *Portières de Mars*, d'après Le Brun, II, 14, 15; — *Triomphes des Dieux*, d'après N. Coypel, II, 235, 236.

Ambassade de France (palais Farnèse) : *Château de Monceau, Château des Tuileries*, d'après Le Brun, II, 144; — *Galerie de Saint-Cloud*, II, 411, VI, 7; — *Histoire de Coriolan*, I, 216; — *Histoire du Roi*, d'après Le Brun, II, 113, 121; — *le Sommeil de Jésus*, d'après H. Sassoferrato, V, 333. — Collections de la Couronne : *Actes des Apôtres*, II, 44; — *Don Quichotte*, III, 198; — *la Sainte Famille*, d'après Parrocel, IV, 340. — Palais du Quirinal : *La Descente du Christ au tombeau*, d'après le Caravage, V, 327, 328; — *Histoire de France*, IV, 374; — *Histoire de Psyché*, I, 292; — *Le Nouveau Testament*, III, 115; — *les Nouvelles Indes*, IV, 68; — *les Portières des Dieux*, d'après C. Audran, III, 50; — *Saint Étienne prêchant l'Évangile*, d'après de Pujol, V, 317. — Vatican : *Les Actes des Apôtres*, II, 43, 48; — *l'Ancien Testament*, III, 88; — *les Indes*, II, 388; — *le Nouveau Testament*, III, 115; — *la Transfiguration*, tabl. de Raphaël, V, 327.

RONDET (Antoine), tap. à la manufacture de Raphaël de La Planche et son fils, René, apprenti, I, 21, n.

ROOSEVELT (Alice). Reçoit en 1906 *le Manuscrit*, d'après F. Ehrmann, V, 175.

ROSENAU. Vente du séquestre : *Le Repos de Diane*, I, 352.

Rosso (Le), p. Décore la Galerie de François Ier à Fontainebleau, I, 94-97. pl., 4 fig.

ROTHSCHILD (Albert de). Collection : quatre pièces de l'*Histoire d'Esther*, IV, 22.

ROTHSCHILD (B^onne A. de). Collection : *Le Château du Louvre et le Château de Versailles*, II, 161.

ROTHSCHILD (Édmond de). Collection : cinq pièces des *Amours des Dieux*, IV, 216; — une des *Métamor-*

phoses, III, 131, 132; — *Un jeune élève*, tabl. de Drouais, IV, 343.

ROTHSCHILD (Gustave de). Collection : deux pièces des *Scènes de théâtres*, IV, 167, 168; — *tenture de Charles de Lorraine*, IV, 414, 415.

ROTHSCHILD (Henri de). Collection : *Fragments d'Opéra*, d'après C. Coypel, III, 335.

ROUBAIX. École des Arts Industriels : Chasuble, V, 358, 359; — *le Manuscrit*, tabl. d'Ehrmann, V, 175. — Église Notre-Dame : *Nouveau Testament*, III, 112.

ROUEN. Collection de la Ville : *Comitas, Justitia*, d'après Raphaël, V, 21, 22. — Musée : *Histoire de Diane*, I, 98; — *la Fête à Palès*, tabl. de Suvée, IV, 366.

ROUGET (Georges), p. Modèles de la décoration de la Salle du Trône, V, 96-98; — de la *Mort de saint Louis*, V, 301. — Carton du *Portrait de Louis-Philippe*, d'après Hersent, V, 418, 419.

ROUJON (Mme Henry). Reçoit en 1893 un fragment de reproduction de tapis, copte, V, 91.

ROUSSEAU (Claude), tapis, à la manufacture de Comans et de La Planche, I, 13.

ROUSSEAU, chef d'atelier (1817-1825). *L'Abondance*, V, 103; — *Le Centenier demande au Christ de sauver son serviteur*, V, 320; — *La Chasse de Méléagre*, V, 3, 4; — Chasubles, V, 359, 361; — *Histoire d'Henri. IV*, V, 73; — *Mort d'Étienne Marcel*, V, 84; — Salle du Trône, V, 101; — *Sujets napoléoniens*, V, 224-259.

ROUSSEAU (Albert), tapis. *Les Muses*, V, 148.

ROUSSEL. Collection : *Petite fille jouant avec un chat*; — *Un jeune élève*, tabl. de Drouais, VI, 10.

ROUSSELET (M.), grav. *Vase*, d'après Jacques, IV, 301.

ROUSSOINS (Barthélemy), tap. à la manufacture de Comans et de La Planche, I, 13.

ROUHER. Reçoit en 1856 *Gibier et fruits*, d'après Desportes, V, 349.

ROUX, de Lyon. Client de Neilson pour des tentures de Boucher, IV, 291.

ROUX. Collection : deux pièces de *Daphnis et Chloé*, d'après Jeaurat, IV, 83.

ROYE DE LA ROCHEFOUCAULD (Frédéric-Jérôme de). Reçoit en 1744 pour son ambassade à Rome une tenture de l'*Ancien Testament*, III, 88.

RUBENS (Pierre-Paul), p. Retrouve à Bruxelles les cartons des *Actes des Apôtres*, par Raphaël, II, 44. — Modèles de l'*Histoire de Constantin*, I, 21, 245-255, 5 pl.; II, 27, 85; — *Vie de Marie de Médicis*, V, 307.

RUHIERS, tapis. *La Galerie de Saint-Cloud*, V, 30.

RUSSIE. Dons faits aux ambassadeurs : en 1668, *l'Histoire de Constantin*, II, 27-30; — en 1825, *la mort de saint Louis*, V, 304.

RUSSIE (Grand-duc Nicolas). Collection : *Napoléon Ier en buste*, d'après Gérard, V, 380.

RUSSIE (Grand-duc Paul). Collection : *Les Chambres du Vatican*, II, 215; — *Don Quichotte*, III, 252, 253; — *Histoire d'Henri IV*, IV, 354, 358, 361; *les Nouvelles Indes*, IV, 65; — *les Portières des Dieux*, III, 54, 55; — *portraits d'Henri IV et de Sully*, IV, 305; — *tentures de Boucher*, IV, 285.

RUTLAND (Duc de). Possède la tenture de *Don Quichotte*, du duc de la Vrillière, III, 248.

S

Sacre (Le) du Roy, d'après Le Brun, II, 99, 101, 105.

Sacrements (Les), d'après Nicolas Poussin, I, 283-286.

Sacrifice à Cérès, d'après Mignard, II, 404-405, pl.; — *à Latone*, pièce de *Histoire de Diane*, I, 232, 234-235, pl.; — *au dieu Pan*, d'après Jeaurat, IV, 78-79, pl., 80; — *d'Abraham*, d'après Vouet, I, 309, 310, fig., 315; — *d'Iphigénie*, d'après C. Coypel, III, 297; — *de Lystra*, I, 280; II, 43, 48; V, 15; — *de saint Paul*, d'après Raphaël, II, 48.

Sacrifices (Les) aux Dieux, sonnet de Nicolas Houel, I, 167; — *funèbres*, tap. de *l'Histoire d'Artémise*, I, 152, fig.

SAGAN (Princesse de). Collection : quatre pièces des *Amours des Dieux*, IV, 291.

SAINT-AIGNAN (Duc de), ambassadeur à Rome, son portrait pour *l'Histoire du Roi*, II, 102. — Reçoit *l'Ancien Testament*, III, 88; — *l'Histoire du Roi*, II, 119; — deux *Nouvelles portières de Diane*, III, 306; — les *Portières des Dieux*, III, 16; 18, 30, 31, 34.

SAINT-ANDRÉ (Jacques d'Albon, maréchal de). Possédait la tap. de Bruxelles, *le Petit Scipion*, II, 290.

SAINT-ANDRÉ, p. Cartons pour basse lisse de *l'Alliance avec les Suisses*, — *l'Entrevue des rois de France et d'Espagne*, — *le Mariage du Roi*, — *la Réduction de Lille*, — *le Roi aux Gobelins*, — *la Satisfaction du Cardinal Légat*, d'après Le Brun, II, 101.

SAINT-ANGE, p. Modèle d'un meuble à fond de soie bleu, et d'un écran : *Jeanne d'Arc sur les remparts d'Orléans*, V, 438, 441.

SAINT-BRIEUC. Cathédrale : *Bannière de saint Germain*, V, 367; — *le Centenier demande au Christ de sauver son serviteur*, d'après L. de Boullogne, V, 320.

SAINT-CLOUD. Château. — Représenté dans le *Salon Louis XIV*, V, 104. — Renfermait *l'Histoire de Coriolan*, I, 217; — *l'Histoire de Marie de Médicis*, V, 313; — les modèles de Mignard pour *la Galeria de Saint-Cloud*, II, 399; — et ceux de Phil. d'Orléans pour *Daphnis et Chloé*, III, 287.

SAINT-DENIS DE LA RÉUNION. L'Église reçoit en 1851 *Saint Denis*, d'après Ingres, V, 114.

SAINT-ÉTIENNE. Chambre de Commerce : sa décoration en quatre sujets, d'après Maignan, V, 207, 208.

SAINT-GERMAIN-EN-LAYE. Le Château représenté dans les *Maisons Royales*, d'après Le Brun, I, 372; II, 132-133, 146-147, 2 pl., 160; — dans *les Mois*, II, 144-145, pl.; — d'après H. d'Espouy, V, 188, 189. — Restauration d'une Salle Louis XIV, V, 188, 189.

SAINT-JEAN-AUX-BOIS (Oise). Faussement indiqué comme représenté avec son étang dans *Les Chasses de Louis XV*, III, 349, 354-355, pl. VI, 9, fig.

SAINT-LÔ. Musée : *Gombaut et Macée*, I, 220.

SAINT-OMER. Musée : *Le Repas*, pièce des *Amours de Gombaut et de Macée*, I, 222.

Sainte Famille (La) de Fontainebleau, d'après Raphaël, V, 329, 330; — d'après Parrocel, IV, 340.

Saisons (Les), I, 376; — d'après Le Brun, II, 69-83; — d'après C. Audran, III, 1; — tissées par Cozette, IV, 350; VI, 10; IV, 364, 365; — d'après Dieterle et Baudry, V, 140-141, pl.

SALLANDROUZE DE LA MORNAIX, d'Aubusson. Commissaire du Gouvernement à l'Exposition de Londres de 1851, V, 105, 115, 293; — son dépôt de vente, V, 314-316, 341, 347.

SALOMON. *Le jugement de S.*, d'après A. Coypel, III, 85.

SALONS DE PARIS DE 1699 À 1795. Tableaux exposés qui servirent de modèles à des tapisseries : 1699, 1704, III, 82, 99-101. — 1737, III, 105, 303-305. — 1738, III, 323-325; IV, 2, 3, 41. — 1739, IV, 84. — 1740, IV, 2, 3, 41. — 1741, III, 323-325. — IV, 41, 91, 92. — 1742, IV, 2, 3. — 1745, IV, 84, 136. — 1746, III, 317. — 1748, IV, 101. — 1753, IV, 170, 177. — 1755, III, 104; IV, 91, 92, 344. — 1757, III, 104;

IV, 190. — 1761. IV, 196, 306, 341. — 1763. IV, 196, 306, 341. — 1765. IV, 197, 198, 343. — 1769. IV, 198, 311. — 1771. IV, 199. — 1775. IV, 330. — 1777. IV, 199, 369; V, 276. — 1779. IV, 370. — 1781. V, 269. — 1783. IV, 366, 371; V, 282. — 1787. IV, 372; V, 265, 286. — 1789. IV, 362; V, 266. — 1791. IV, 362. — 1793. V, 270. — 1795. V, 277, 284.

Samson au festin des Philistins, d'après S. Vouet, I, 18, 311, 314, fig.

SAMUEL, marchand de tap. Possédait en 1913 deux pièces de l'*Histoire de Daphné*, I, 347.

Sanglier (Le), pièce des *Rinceaux*, I, 376; — *d'Erymanthe*, signé César de Comans, I, 3, 16; — *de Calydon*, I, 351.

SANGUIN DE LIVRY, donateur d'une pièce de la tenture de Saint-Merri, VI, 1.

SANSON CARASCO, d'après C. Coypel, III, 186.

SANTERRE, p. Modèles de *L'Espagnolette*, III, 107; IV, 338; — *Sainte Thérèse*, tabl., IV, 348.

SANTI (De), p. Carton de *la Transfiguration*, d'après Raphaël, V, 327.

SARAZIN (Jacques), sculpteur. Son portr. d'après Brisset, V, 121.

SABOIRON. Collection : Quatre pièces de *Renaud et Armide*, I, 327, 328.

SARTO (Andrea del), p. Modèle de *la Charité*, V, 331.

SASSOFERRATO p. Modèle du *Sommeil de Jésus*, V, 333.

Satisfaction (La) faite à Louis XIV par l'ambassadeur d'Espagne, d'après Le Brun, II, 100, 101, 110, 112-113, pl. — *du Doge de Gênes*, d'après Hallé, II, 101, 104, 112.

SATURNE. *Les Saisons*, II, 72; — les *Portières des Dieux*, d'après Cl. Audran, II, 7, 14-15, pl.; — IV, 350; VI, 10.

SAULTY (Vicomte). Réclamait en 1893 à la Manufacture quatre pièces des *Scènes de Théâtre*, déposées par son père, IV, 157.

SAUVAGE (Piat-Joseph). Modèle d'un *Portrait du Premier Consul*, V, 374.

SAUVAIGE (Pierre), apprenti aux Gobelins (1626), I, 13.

SAXE-TESCHEN (Frédéric-Auguste, duc de). Reçoit en 1786 quatre pièces de l'*Histoire de Don Quichotte*, III, 262, 263; — et une *Histoire d'Esther*, IV, 31. Voir : FRÉDÉRIC-AUGUSTE III.

SAY (Henri). Vente : Deux pièces à la manière des *Rinceaux*, I, 376.

SAY (Mme H.). Collection : Trois pièces de l'*Histoire de Don Quichotte*, III, 277.

SCEAUX. Château. Pavillon de l'Aurore décoré des tabl. de Le Brun, les *Enfants jardiniers*, II, 86.

Scènes d'Opéra, de Tragédie, de Comédie, d'après Belle et C. Coypel, IV, 139-169; V, 42, 43; — *mythologiques*, à la galerie de François Ier, I, 97, fig.; — d'après S. Vouet, I, 349-352.

SCHAIBLÉ (Henri), chef de pièce. *Pictura*, V, 159.

SCHÜTZ. Collection : *Chancellerie* aux armes de Feydeau de Bron, III, 147; — le *Petit Boudeur*, tabl. de Greuze, IV, 348.

Sciences (Les), d'après Boucher, V, 133.

Scieurs de bleds, tabl. de Chastelain, II, 327.

SCIPION. *Histoire de S.*, d'après J. Romain, 290-298, 3 pl., VI, 4, 6, pl.

Scipion, tap. de Bruxelles, brûlée en 1797, II, 42; — *allant au combat*, — *recevant les officiers*, — *sur son trône*, d'après J. Romain, II, 292-297, 2 pl.; — *sauve son père*, VI, 4, 6, pl.

Sculptura, d'après E. Lechevallier-Chevignard, V, 158.

Seconde (Une) bataille, d'après J. Romain, II, 294.

SÉGUIER (Mme), achète diverses tapis. de la Manufacture de R. de La Planche, I, 23, 68.

SÉGUR (Comtesse de). Reçoit en 1811 *Deux perroquets et des oiseaux*, d'après Barraband, V, 347.

SEILLIÈRE (Baronne). Collection : *L'Enlèvement d'Europe*, d'après J. B. Pierre, IV, 218.

Séléné, d'après J. Machard. V, 293, 294.

SELIGMANN. Collection : Une pièce de *Don Quichotte*, III, 277; — *Enfant*, d'après Boucher, IV, 289; — les *Pêcheurs des Indes*, II, 396.

SENNETERRE (Comte de), ambassadeur en Angleterre. Reçoit une tenture de l'*Histoire de Moïse*, II, 195.

Sept (Les) Âges, de Lucas. Tap. à copier aux Gobelins, II, 85.

Septembre. Pièce des *Chasses de Maximilien*, d'après B. Van Orley, II, 304, 310-311, pl.; — des *Mois*, d'après Le Brun, II, 129, 130, 136; — des *Mois Arabesques*, II, 328; VI, 6; — des *Mois Grotesques*, III, 77; — des *Mois Lucas*, II, 342, 354-355, pl.

SEPTEUIL. Émigré revenu, réclame en 1804 quatre pièces des *Amours des Dieux*, qu'il avait déposées aux Gobelins en 1792, IV, 220.

SEBANGELI (Gioachino), p. Modèles : *Napoléon reçoit les députés de l'armée après son couronnement*, V, 236; — *Les Adieux de Tilsit*, V, 254.

Serpent (Le) d'airain, d'après Le Brun, II, 187, 189.

SERRUR, p. Cartons de l'*Assomption*, d'après le Titien, V, 330.

SÈVE LE CADET, p. Cartons de l'*Été*, l'*Automne*, l'*Hiver*, d'après Le Brun, II, 69 : — des *Enfants jardiniers*, du même, II, 84, 86.

SÈVE LE JEUNE, p. Cartons de trois pièces de l'*Histoire de Moïse*, d'après Le Brun et Poussin, II, 186, 187; — de six pièces de l'*Histoire du Roi*, d'après Le Brun, II, 99, 100; — de *Vénus et Adonis*, d'après Raphaël, II, 268, 269.

SÈVRES. Manufacture. Renferme la tenture de l'*Art Céramique* (1878), V, 159.

Sibylle, d'après le Dominiquin, IV, 350.

Siège de Douai, gr. de Séb. Leclerc, II, 98; — de *la Rochelle par le duc d'Anjou*, fragment d'une pièce de l'*Histoire d'Henri III*, I, 257, fig., 260; — de *Rhodes*, dessin pour l'*Histoire d'Artémise*, I, 191, fig.; — *d'une ville*, d'après J. Romain, II, 280, 284.

SIENNE. Palais municipal. *L'Air, la Terre, le Feu*, d'après Le Brun, II, 58.

Silence (Le). Fig. d'un écran du Cabinet de l'Empereur, V, 436.

SILÈNE. Figure dans le *Festin des Noces de Psyché*, II, 249; — le *Triomphe de Bacchus*, II, 225.

Silène barbouillé de mûres, d'après N. Hallé, IV, 199, 216-217, pl.

SILVEIRA (Joseph). Achète en 1850 deux écrans de tap., V, 438, 442.

SILVESTRE (Israël), grav. : *Sanson Carasco est vaincu par Don Quichotte*, d'après C. Coypel, III, 168.

Simone, d'après M. Magne, V, 215.

SIMONET, tap. Chasubles, V, 361; — *Histoire de Henri IV*, V, 78; — *Mort de saint Louis*, V, 302; — *Salle du Trône*, V, 99, 100; — *Sujets napoléoniens*, V, 235-259; — *Vie de saint Bruno*, V, 322.

Sirène et poète, d'après G. Moreau, V, 210-211, pl.

Sirènes, d'après S. Vouet, I, 330-331, pl.

SITARD (Pierre), tap. de la manufacture de Comans et de La Planche, I, 7, 40; — son fils apprenti à la manufacture de La Planche, I, 21.

SLODTZ (J. B.), p. Estime les tableaux du château de Saint-Cloud, exécutés par le Régent, III, 287.

SNYDERS, p. Modèles des tapis. dites *Sujets d'animaux*, V, 344-346.

Soie (La), d'après Maignan, V, 206.

SOIGNES (Forêt de) [Belgique]. Les paysages des *Chasses de Maximilien* auraient été pris dans la forêt de S., II, 301.

Soldat croisé, d'après G. Rouget, V, 101 : — *Les soldats du 76ᵉ de ligne retrouvent leurs drapeaux à Insprück*, d'après C. Meynier, V, 243-245; — *Les soldats nés des dents du dragon tournent leurs armes contre eux-mêmes*, d'après de Troy, IV, 102-103, pl., 104; — *Soldats portant des tours en forme de trophées, portant des trophées, portant des vases*, de l'*Histoire d'Artémise*, I, 132-137, 3 fig.

SOLLIER (Abel Nicolas), tapis. *Buste en marbre d'Élisabeth Alexiewna*, V, 395; — Meuble du Cabinet de l'Empereur, V, 435; — *Napoléon Iᵉʳ*, V, 376, 379; — *Sujets napoléoniens*, V, 224-259.

SOLLIER (Antoine Hubert), tapis. Meuble du Cabinet de l'Empereur, V, 435; — *Napoléon en buste*, V, 379; — *Sujets napoléoniens*, V, 224-259.

SOLLIER (Charles), tapis. Galerie d'Apollon, V, 122, 123; — *Histoire d'Henri IV*, V, 76; — *Les Muses*, V, 130; — *Tentures de Boucher*, V, 62.

SOLLIER (Jean), chef de pièce. *Saint Étienne prêchant l'Évangile*, V, 316.

Sommeil (Le) de Chloé, d'après Jeaurat, IV, 76-77, pl.; — *de Jésus*, d'après Sassoferrato, V, 333; *de Renaud*, d'après Belle, IV, 162; V, 42; d'après Boucher, III, 328-329, pl.; d'après C. Coypel, I, II, 327, 328-329, pl.; V, 39.

Songe (Le) de Lamon, d'après Jeaurat, IV, 79.

Sortie (La) de l'Ambassadeur turc du palais des Tuileries, d'après Parrocel, III, 317-321, pl.; — *du Gouverneur de Cambrai*, d'après Le Brun, II, 100.

Soubassements de fenêtres, d'après Le Brun, II, 24.

SOUET (Jean), chef d'atelier aux Gobelins (1693-1724), II, IX. — *Les Actes des Apôtres*, I, 279; — *Chancelleries*, III, 135-139; — *Chute d'Ananias*, II, 423; — *les Enfants jardiniers*, II, 91-93; — *les Fruits de la guerre*, II, 287, 289; — *la Galerie de Saint-Cloud*, II, 411, 412; — *Histoire d'Alexandre*, II, 194; — *Histoire du Roi*, II, 118; — *les Métamorphoses*, III, 129; — *les Mois Arabesques*, II, 331; — *les Mois Lucas*, II, 348, 349; — *Portière de Mars*, II, 13; — *Portières des Dieux*, III, 12, 19; — *Portières des Renommées*, II, 4, 5; — *Portière du Char de Triomphe*, II, 17, 20; — *Punition d'Ananias*, II, 46; — *Termes*, III, 64; — *Tête de Christ*, IV, 338; — *les Triomphes des Dieux*, II, 233-236.

SOUET (Martin), (1722-1724), chef d'atelier aux Gobelins, III, IX.

T

TUNIS. Le Bey de T. reçoit en 1846 *Louis-Philippe en garde national*, d'après Hersent, V, 419.

TURENNE. Son portrait pour l'*Histoire du Roi*, II, 102.

TURGOT. Achète diverses tapisseries de la manufacture de R. de La Planche (1661), 23, 24, 67.

TURIN. L'archevêque de T., grand-aumônier du roi de Sardaigne, reçoit en 1773 deux pièces de la tenture des *Mois Lucas*, II, 364. — Palais-Royal : *Les Éléments*, copie de Beauvais, II, 52.

TWOMBLY (Hamilton Mck). Collection : *Renaud et Armide*, I, 325.

TYNLEY (Lord). Achète en 1763 une tenture des *Nouvelles Indes*, IV, 51, 57.

TYMCH, tapis. *Cérès*, V, 89.

U

UBELESKI (Alexandre), p. Voir ALEXANDRE.

ULYSSE. *Les travaux d'U.*, d'après S. Vouet, I, 329-334.

Ulysse aborde dans l'île de Circé, I, 331, 333, fig.; — *débarque à Ithaque*, I, 332, 334, fig.; — *et les Sirènes, prend congé d'Éole*, I, 330, 331, fig.; — *reconnu par son chien*, I, 332; — *victorieux de Circé*, I, 331.

Uranie, d'après Le Brun, II, 39.

URBUTY, chef de pièce. *La Bergère*, V, 89; — les *Douze Mois Grotesques*, V, 33, 34; — *Histoire de Jeanne d'Arc*, V, 199, 200.

Usages et modes du Levant, projet de tenture partiellement exécuté par Van Loo, IV, 329.

V

VAILE. Collection : *Octobre*, des *Mois Lucas*, II, 368; — *la Réduction de Tournai*, II, 122; — *Septembre*, des *chasses de Maximilien*, II, 305; — *les Vendanges*, d'après Jeaurat, IV, 83.

Vainqueur (Le), d'après F. Ehrmann, V, 296, 297.

VALADE, p. Modèles du cinquième alentour de l'*Histoire de Don Quichotte*, III, 174, 175, 219.

VALDOR, p. Modèles de *Festons et Rinceaux*, II, 41. — Cartons de l'*Histoire de Méléagre*, d'après Le Brun, II, 34.

VALLAYER (Mme), p. Modèle de *Déjeuner-dessert*, V, 354, 355; — *Vases de fleurs*, V, 351.

VALLOMBROSA (Vente). Une pièce des *Métamorphoses*, III, 131, 132.

VAN AELST (Pierre), tap. à Bruxelles. *Les Actes des Apôtres*, d'après Raphaël, II, 43.

VAN COOLEN (Corneille), tap. à la manufacture de Comans et de La Planche, I, 13.

VAN DE DALLE (Lucas), tap. à la manufacture de Comans et de La Planche, I, 12, 47.

VAN DE WELDE (Adrien), tap. à la manufacture de Comans et de La Planche, I, 7, 12.

VAN DEN DICKE (Josse), tap. à la manufacture de Raphaël de La Planche, et son fils, Josse, apprenti, I, 11, n.

VAN DEN HECKE, tap. à Bruxelles. *Histoire de Don Quichotte*, III, 279.

VAN DEN HOCKE (Josse), tap. à la manufacture de Comans et de La Planche, I, 14.

VAN DEN KERCHOVE, marchand de tapiss., à Audenarde, I, 71.

VAN DER CRUYSEN (Jean), à la manufacture de Comans et de La Planche, I, 12.

VAN DER GUCHTEN, tap. à la manufacture de Comans et de La Planche, I, 13.

VAN DER HEYDEN (Cornille), tap. à la manufacture de Comans et de La Planche, I, 12, 13.

VAN DER MEULEN, p. à Maincy et aux Gobelins : *Le passage du Rhin*, tabl., II, 100. — Cartons d'après Le Brun : *le Feu*, II, 52; — l'*Histoire du Roi* (paysages et vues), II, 99, 102, 103; — *les Mois*, II, 129-131; — *Portière de Mars*, II, 9; — *Portière du Char de Trophées*, II, 16; — *les Saisons*, II, 70, 72.

VANDRISSE (Guillaume), tap. à la manufacture de Comans et de La Planche, et son fils, Martin, apprenti (1626), I, 13.

VAN LOO (Amédée), p. Modèles du *Costume turc*, IV, 328-333, 2 pl.

VAN LOO (Carle), p. Modèles de *Enfants*, pour accompagner les *Amours des Dieux*, IV, 196-197, pl. —

W

Woronzow (Comte de), Grand Chancelier de Russie. Reçoit en 1758-59, quatre pièces et six trumeaux de l'*Histoire de Don Quichotte*, III, 221, 222; — trois pièces des *Portières des Dieux*, III, 43; — un meuble, IV, 391.

Würtemberg (Ferdinand, grand-duc de). Reçoit en 1811 l'*Apparition de la Croix, Héliodore*, d'après Raphaël, V, 20, 21; — *le combat de Mars et de Diomède*, d'après G.-F. Doyen. — *Caraclie, mère des Gracques*, d'après J.-B. Suvée, V, 285, 286.

Y

Yvart père, p. à Maincy et aux Gobelins. Cartons : *Bataille et Triomphe de Constantin*, d'après Le Brun, II, 27; — *Le Christ remettant les clefs à saint Pierre*, d'après Raphaël, II, 201; — *les Éléments*, d'après Le Brun, II, 51; — *Mariage de Constantin*, d'après Le Brun, II, 28; — *les Mois*, d'après Le Brun, II, 129; *les Muses*, d'après Le Brun, II, 37; — *la Portière de la Licorne*, d'après Le Brun, II, 23; — *la Portière de Mars*, d'après Le Brun, II, 9; — *la Portière du Char des Trophées*, d'après Le Brun, II, 16; — *la Portière des Renommées*, d'après Le Brun, II, 1; — *la Réduction de Douai, le Sacre du Roi*, d'après Le Brun, II, 99, 100; — *les Saisons*, d'après Le Brun, II, 69; — *Entrée de la Reine dans Douai*, tabl., II, 100.

Yvart fils, p. Modèles des figures des *Métamorphoses*, III, 121-125; — modèles nouveaux pour les *Mois Lucas*, II, 351; — corrige ceux des *Chasses de Maximilien*, II, 300; — et *des Indes*, II, 380. — Cartons : la *Bataille d'Arbelles*, d'après Le Brun, II, 168; — *les Éléments*, d'après Le Brun, II, 52; — *les Enfants jardiniers*, d'après Le Brun, II, 87, 93; — *les Mois*, d'après Le Brun, II, 129; — *le Passage de la Mer Rouge*, d'après Poussin, II, 186; *la Portière du Char des Trophées*, d'après Le Brun, II, 16; — *les Portières des Renommées*, d'après Le Brun, II, 1.

Yvon (Mme d'). Vente de sa collection : Six pièces des *Amours des Dieux*, IV, 220; — meubles de Boucher, Jacques, Oudry et Teissier, IV, 384, 413.

Z

Zaïre, d'après V.-G. Claude, V, 184.

Zarive. Vente : *Portrait de Catherine II*, VI, 10.

Zéphir. Figure dans *le Festin des Noces de Psyché*, d'après J. Romain, II, 249, 250; — *le Printemps*, d'après Mignard, II, 402.

Zéphir conduit ses sœurs à Psyché, I, 289, 291; — *et Flore, ou le Couronnement de Psyché*, d'après J. Romain, II, 252-253, pl.

Zetland (Marquis de). Décoration de salon pour son château de Aske Hall (1767-1769) : tenture de Boucher et de M. Jacques, IV, 273-276, 396.

Zeuxis à Crotone, d'après F.-A. Vincent, V, 266-269, pl.

Zo (Henri), p. Succède à Maignan pour la décoration de la Salle des Fêtes du Sénat, V, 205.

Zurich. Musée : *l'Alliance avec les Suisses*, d'après Le Brun, II, 122.